● 新 譯

孝 經

성동호 譯解

弘新文化社

머 리 말

《효경》은 공자(孔子)와 그의 제자 증삼(曾參)의 문답 중에서 효(孝)에 관한 구절들을 추려 기록한 것이다.

《효경》의 내용을 한마디로 요약하면 효는 곧 덕의 근본이라는 것이다. 어버이가 자식을 사랑하고 자식이 어버이를 공경하는 것은 동서고금을 통틀어 자연스러운 도리이며, 또한 본능이기도 하다. 그런데도 오늘날에는 이 자연의 도리 중 한쪽(어버이)은 여전히 변함이 없지만 다른 한쪽(자식)은 장성해감에 따라 소홀히 여기는 경향이 있다. 잊어서는 안되는 덕의 근본을 잊고 사는 것이다.

효를 덕의 근본이라고 일컫는 까닭은, 부모 자식 간의 사랑이 타인에 대한 사랑으로 발전하면 그것이 곧 군자(君子)의 길이며, 또 그 사랑이 나라에 대한 사랑으로 발전하면 그것이 곧 애국자의 길이기 때문이다. 그러기에 《효경》에서는 어버이를 사랑하는 자는 남을 미워할 줄 모르고 어버이를 공경하는 자는 감히 남을 능멸하는 일이 없다고 하였다.

그러나 오늘날 우리 주변은 어떠한가. 서양 문물이 들어오기 시작하면서부터 서구 문화의 모방에만 급급하여 동양고전을 경시하게 됨으로써 이 명경(名經)을 돌아다보는 사람 또한 줄어들게 되었고, 자연히 부모 자식 간의 도리도 악화되어 가고 있다.

매스컴을 통해 접하는 소식이란 온통 우울하고 서글픈 일들 투성이다. 노부모 학대, 가출 노인 등 온갖 노인 문제들이 대두되고 있다.

하늘을 우러러보라! 일월(日月)의 빛은 영원한 것이다. 부모가 자식을 사랑하는 도리는 일월의 빛처럼 변함없는 진리이면서 자식이 부모를 공경하고 그 중은(重恩)을 갚는 것은 자연스러운 도리도 본능도 아니란 말인가!

오늘날과 같이 도(道)가 무너져 가는 세태 속에서야말로 그 옛날처럼 부모된 자나 자식된 자나 모두 이 책을 일독해 볼 필요가 있을 것이다.

이 책에서는 청소년을 가진 부모를 염두에 두고 많은 문제점을 제시하여 같이 생각해 보고자 애썼다. 그리고 덕의 정의를 규명하는 데 많은 보탬이 되리라 믿는다.

원래 《효경》에는 '고문 효경(古文孝經)'과 '금문 효경(今文孝經)'이 있는데, 이 책에서는 '고문 효경'을 따랐다. 권말에 부록으로 '금문 효경' 원문을 첨부하였는데, '고문 효경'과 비교해 보는 것도 의의 있는 일일 것이다.

● 효경(孝經)/차례 ─────────────────────

《효경》의 유래

　《효경》을 저술한 작자가 어떤 사람인가 하는 것에 대해서는 아직 이렇다 할 정설이 없다.

　첫째로 공자(孔子)의 저작이라 하는 설(說), 둘째로 증자(曾子)의 저작이라는 설, 셋째로 공자와 증자의 문답을 다른 문인이 기술한 것이라는 설, 넷째로 공자도 증자도 아닌 전혀 다른 사람의 위작이라고 하는 설 등이 있다. 제1설은 《사기(史記)》·《백호통(白虎通)》·《공자 가어(家語)》 등이 취하고 있고, 유흠(劉歆)·하휴(何休)·정현(鄭玄)·왕숙(王肅) 등도 이 설을 지지하고 있다. 제2설은 '고문 효경(古文孝經)'에 서문을 쓴 공안국(孔安國)이 주창하는 바이고, 제3설은 송나라의 사마광(司馬光)·호인(胡寅)·조공무(晁公武) 등의 견해이며, 제4설은 역시 송나라의 호굉(胡宏)·왕응진(王應辰)·주희(朱熹) 등이 지지하고 있는데, 송나라의 빙의(憑椅)는 일인이설(一人異說)을 주장하여 자사(子思)의 저술로 보고 있다.

　《효경》이 처음으로 세상에 나타난 연대 또한 분명치 않다. 그러나 진(秦)나라의 시황제(始皇帝)가 정책에 대한 비판을 금지시키고자 책을 불사르고 학자들을 구덩이에 생매장하는 분서갱유(焚書坑儒)라는 엄청난 짓을 저질렀을 당시에는 이 《효경》도 재난을 만나 그 모습을 감추었으리라는 것은 누구나 쉽게 짐작할 수 있는 일이다.

한 번 분서의 액운을 만나 모습이 사라진 《효경》이 다행히 다시 세상에 나타나게 된 것은, 한(漢)나라 때 이르러 협서(挾書)의 율(律)이 제거되었을 때였다. 그후 《효경》은 고문(古文)과 금문(今文)의 두 가지로 만들어져서 양문의 시비가 논쟁의 쟁점이 될 만큼 쌍방의 지지자가 나누어지게 되었다.

분서에 즈음하여 하간(河間)이라는 곳에 안지(顔芝)라는 사람이 있었다. 그가 이 재난을 피하여 《효경》을 깊이 감추어 두었었는데, 그 아들인 정(貞)이 이 경을 하간의 헌왕(獻王)에게 바쳤다. 이것이 분서 이후 최초로 나타난 《효경》이었다. 이 《효경》은 당시 유통하던 문자인 예서체(隸書體)로 쓰여져 있었기 때문에 '금문 효경(今文孝經)'이라 일컫게 되었다.

그후 한나라 무제(武帝) 때에는 노(魯)나라의 공왕(共王)이 공자의 구저(舊邸)를 부수게 하였는데, 이것은 공자의 구저인 만큼 진시황의 분서의 액운을 만났다 할지라도 반드시 무엇인가 한 가지쯤은 감추어져 있을지도 모른다는 생각을 했기 때문이었다. 그 추측은 어느 정도 적중하여 벽 속에서 석관(石棺)이 나타났고, 그 속에 《효경》이 감추어진 것을 발견하기에 이른다. 이 《효경》은 태고의 문자로 쓰여진 것으로서 후에 공자의 후손인 공안국(孔安國)에 의하여 현대의 문자로 풀이되었으며, 그제서야 쉽게 읽을 수 있었다고 전해진다. 이 《효경》이 고문으로 쓰여져 있었다고 해서 '고문 효경'이라 하는데, 공안국이 서문에서 주장한 대로 이 《효경》을 '진본 효경'으로 간주하기에 이르렀다.

그러나 이 《효경》도 그후 몇 번이나 거듭되는 병란에 의하여 망실(亡失)되었기 때문에 아직 세상에 알려지기도 전에 안타깝게도 그 모습을 감추고 말았다. 그러므로 '고문 효경'이라 일컬어지는 것도 사실은 공안국이 그의 서문에서 밝힌 바와 같은 정확한 원본은 아니며, 원본은 이미 존재하지 않는 것으로 봐야 할 것이다.

'고문 효경'의 경우와는 달리 '금문 효경'은 정주본(鄭注本)이 엄존하고 있으며, 또 이 경만이 세상에 널리 전파되었다. 그러나 정현(鄭玄)의 주에 대해서 의문을 제기하는 학자의 수는 적지 않다.

그후 수(隋)나라 때에 이르러 왕소(王劭)라는 사람이 우연히 '고문 효경'을 찾아내었고 이것을 유현(劉炫)이라는 학자에게 보냈는데, 유현은 이 경을 해설하여 그 제자들에게 가르쳤다. 이 일을 조정에서 알게 되어 정주본(鄭注本)과 함께 또다시 학관(學官)에 채택되기는 하였으나, 이 책 또한 위작(僞作)일 것이라는 의문점이 제기되어 두 판본이 모두 문제점을 남겼다. 그리하여 당(唐)나라 현종(玄宗)은 사계의 권위자들에게 그 득실(得失)의 시비를 논하게 하였는데, 두 파(派)는 각각 그 주장을 굽히지 않았으므로 그 중의 어느 하나만을 채결(採決)할 수가 없었다. 이에 시비가 엇갈리는 진통을 겪다가 끝내는 두 가지를 다 참작하고 제가(諸家)의 설에 따라 '어주 효경(御注孝經)'이라는 것을 엮어서 세상에 내놓기에 이른 것이다. 이것이 개원(開元) 10년의 일이다. 천보(天寶) 2년 5월에 현종은 다시 《효경》을 주석하여 천하에 널리 반포하였으며, 천보 4년 9월에는 이것을 돌에 새겨서 대학에 세우고 '석대 효경(石臺孝經)'의 이름을 남기기에 이르렀다. 이것들은 모두 '금문 효경'을 주본(主本)으로 한 것이었기 때문에 '금문 효경'만이 세상에 널리 알려지고 '고문 효경'은 거의 쓰이지 않게 된 것이다.

그후 '고문 효경'이 다시 세상에 나오게 된 것은 송나라 때였다. 사마광(司馬光)은 '고문 효경'의 지해(指解)를 만들었고, 범조우(范祖禹)는 '고문 효경설'을 엮었으며, 주자(朱子)는 '고문 효경'을 기초로 하여, 전부(前部)의 7장을 합하여 1장으로 만들고, 후부(後部)를 14장으로 하여 구문(舊文)의 123자를 산제(刪除)해서 '효경간(孝經刊)'을 저작하였는데, 이에 대하여 '고문 효경'에 가장 가깝다는 견해를 갖는 사람들이 많아졌다. 그리고 '고문 효경'이나 '금문 효경' 중 어느 것이 진짜인가 하는 것에 대한 의문에는 단정을 내릴 수 없을 만큼 개변(改變)되어 있다고 봐도 좋을 것이다.

'고문 효경'과 '금문 효경'의 차이는 근소하다. 크게 다른 점을 찾는다면 '금문 효경'에는 규문장(閨文章)이 없다는 것이다. 규문장은 공자의 시대에나 있을 수 있는 것이고 금세기와 걸맞지 않으므로, 오히려 없는 편이 낫지 않을까. 그밖에는 장(章)을 나누는 데 다소 차이가 있을 뿐이다. '금문 효경'에서는 서인장(庶人章)이라 되어 있는 것을 '고문 효경'에서는 서인(庶人)과 효평(孝平)의 두 장으로 나누었고, '금문 효경'에 성치장(聖治章)이라 되어 있는 것을 '고문 효경'에는 성치·부모 생적(父母生績)·효우열(孝優劣)의 세 장으로 나눈 차이밖에는 없다. 또한 '금문 효경'을 18장으로 나누고, '고문 효경'을 22장으로 나눈 것도 문자상으로는 거의 증감이 없는 것이다. '고문 효경'과 '금문 효경' 중 어느 쪽이 바른 것인가 하는 것도 주자(注者)의 여하(如何)와 전래(傳來)의 역사에 의하여 판단될 뿐, 우리로서는 그 우열을 논할 필요가 없다. 단지 이《효경》을 정독(精讀)하여 독자의 마음에 새기고 교훈으로 삼을 수 있다면 그것으로 족하다 할 것이다.

개종명의장(開宗明誼章)

배로써 내 몸을 품어주셨고, 젖으로써 나를 먹여
주셨으니, 지극한 효성으로 어버이를 섬겨서 깊은 은
혜에 보답하여야 한다. 이것이 참된 인간의 근본이니
라.

　　중니(仲尼)께서 한가히 계실 때 증자(曾子)가 시좌(侍坐)하고 있었다.

　　공자께서 말씀하셨다.

　　"삼(參)아, 선왕(先王)에게는 지덕(至德)과 요도(要道)가 있어서 그것으로써 천하를 다스리셨다. 이에 백성들은 화목하고 위아래에 원한이 없었다. 너는 그것을 아느냐?"

　　증자가 피석(避席)하며 말하였다.

　　"삼이 불민(不敏)한데 어떻게 그것을 알 수 있겠습니까?"

原文 仲尼間居하고 曾子侍坐라 子曰 參이여 先王有至德要道하여 以順天下라 民用和睦하고 上下亡怨하니 女知之乎아 曾子避席曰 參不敏이라 何足以知之乎리까

註 **중니**(仲尼) 공자의 자(字). 성은 공(孔)이며 이름은 구(丘). 중국 춘추시대의 대철학자. 유가의 비조(鼻祖)로 효제(孝悌)와 충서(忠恕)를 이상으로 삼았다. **간거**(間居) 한거(閒居)와 같은 뜻으로, 특별히 볼일이 없이 한가하게 있는 것. **증자**(曾子) 증삼(曾參)을 공경한 호칭으로, 자는 자여(子輿)라 하며 공자의 제자다. 효도를 역설하였으며, 공자의 사상을 조술(祖述)하여 이를 공자의 손자인 자사(子思)에게 전하였다. **선왕**(先王) 선왕은 선대의

임금이라는 뜻이나, 여기서는 중국에 있어서의 태고의 성인으로
요(堯)·순(舜)·우(禹)·탕(湯)·문왕(文王)·무왕(武王) 등의 제
왕을 가리킨 것. 중국의 태고 시대에는 그 역사의 기록과 같이
성인이 아니면 제왕이 될 수 없었다. **지덕**(至德) 지는 극(極)의
뜻으로 곧 다함이요, 덕은 완전한 선(善)을 가리킨 것으로 선의
가장 큰 것을 지덕이라 일컬었다. 효를 가리켜 지덕이라고도 한
다. **요도**(要道) 도를 꿰뚫는 것으로, 도란 신의 마음을 마음의
뜻으로 하여 하늘이 명하는 대로 바르게 행하는 것. 일심으로
바른길을 걷는 것을 일컫는 말이다. **순**(順) 질서에 즐거이 따
르게 하는 일이며, 혹은 '순하게 한다'로 풀이하기도 하며, 질서
정연하게 국가를 다스리는 것이라고도 해석할 수 있다. **망**(亡)
무(無)와 통하여 없다의 뜻. **여**(女) 여(汝)와 같다. **피석**(避席)
스승이 무엇인가를 물으면 앉았다가도 일어나 물러서서 대답하
는 것이 제자의 예다. 스스로 이름을 칭함도 스승에 대한 예
다. **불민**(不敏) 어리석고 둔하여 민첩하지 못한 것. 여기서는
증자가 자기를 낮추어서 한 말인데, 우둔함과 같은 뜻이다.

解義 어느 날 공자께서 제자들과 한담(閑談)하고 있을 때였
다. 공자는 옆에 시좌(侍坐)하고 있는 증자를 돌아보며 이
렇게 말씀하셨다.

"삼아, 선왕(先王)이 정치를 했을 시절에는 효도로써 천
하를 가르치고 다스렸던 때가 있었느니라. 일반 민중은 이
도(道)에 의해서 다투는 일이 없이 의좋게 지냈고 존비(尊
卑)의 계급이나 빈부의 차가 있을지라도 서로 원망하거나
시기하는 일 없이 완전히 화기애애하게 평화로운 삶을 누
리도록 하였는데, 너는 그 도를 알고 있느냐?"
하고 물었다.

이때 증자는 자기의 자리에서 바로 일어나 한 걸음 뒤로
물러나서 예의를 갖춘 뒤 공손하게 대답하였다.

"저와 같이 우둔한 자가 그러한 성인의 도를 어찌 알 수

있겠습니까. 아무쪼록 밝히 가르쳐 주십시오."
하고 간청하였다.

参考 증자는 공자의 고제(高弟)의 한 사람으로서 효도를 역
설한 사람이다. 본서인 '고문 효경'도 증자의 작이라는 설이
있는데, 그 설을 주창한 사람은 '고문 효경'의 서문을 쓴 공
안국(孔安國)이다.

　이밖에도 효경의 저자는 공자라고 주장한 설, 공자와 증
자의 문답을 다른 문인이 기록한 것이라는 설, 그외의 전혀
다른 뒷사람들의 위작이라는 설도 있다. 어쨌든 이 '고문 효
경'은 첫장부터 공자와 증자의 문답으로 시작되고 있다.

　그러면 증자는 어떤 위인인가.

　《논어(論語)》에 보면 공자가 이 증삼에 대하여 평한 글이
실려 있다. 즉 "고시(高柴)는 성품이 순후하지만 지혜가 없
고 우직하며, 증삼은 근면하지만 바탕이 둔하여 하는 일이
민첩하지 못하며, 자장(子張)은 총명함이 있지만 성실치 못
하며, 자로(子路)는 용감무쌍한 기질이 있는 반면에 하는
일이 경솔하고 속됨이 있다."고 하였다.

　하루는 공자께서 한가롭게 앉아 있다가 증삼에게 말을
걸었다.

　옛날의 덕 있는 천자에게는 천하를 다스리는 데 필요한
지극한 덕〔至德〕과 절요(切要)의 도라고 일컫는 정교(政敎)
의 중핵(中核)이 있었다. 즉 그 중핵인 도덕에 의해서 민족
관념을 통일하고 인심을 그곳에 귀일(歸一)시켜서 천하의
민심을 순(順)하게 하였던 것이다.

　《중용(中庸)》에 공자가 말하기를, "부모기순의호(父母其順
矣乎)"라 하였다. 이는 부모가 그 환경에 따라서 마음 편히
즐길 수 있다는 것인데, 즉 집안에서 처자가 화합하고 또

형제 사이에 우애가 좋으면 부모가 그 모양을 보고 크게 만족하여 즐겁게 생각한다는 뜻이다.

그런 까닭에 공자는 지덕·요도가 있어야만 천하를 따르게 할 수 있다고 역설하였다. 사회를 바르게 이끌기 위해서는 먼저 한 가정에서 자식이 어버이를 따르는 것부터 시작해야 한다고 단정지었던 것이다.

여기에서 말하는 도정(道程), 즉 자식된 자가 어버이에게 순종하는 것은 절대적인 것으로서 이유불문하고 부모에게 자신을 맡겨야 함을 말하니 이것이 효(孝)인 것이다.

이와 같이 자식이 효순(孝順)하면 부모는 편안하게 즐길 수 있는 것이다. 그래야만 가족 사이에 화기(和氣)가 가득 차게 되고, 화기가 가득 차면 이러한 가정을 단위로 한 사회의 분위기 또한 온화해지는 것이다.

원래 평화가 존재하는 사회에는 협동심과 연대의식(連帶意識)이 강하다. 따뜻한 분위기에서 상부 상조(相扶相助)해 나간다면 그 사회는 상하가 다 함께 아무런 불만이나 원망 없이 공존 공영(共存共榮)의 생활을 할 수 있으며, 평화롭고 행복한 이상향(理想鄕)을 이룰 수 있는 것이다.

공자가 증자에게 그 도를 알겠느냐고 물었던 것은 그런 연유에서이다.

피석(避席)이란 스승이나 웃어른이 무엇을 물으면 자리에 앉아 있다가도 곧 일어서서 한 발 뒤로 물러나서 대답하는 예의를 말하는 것이다. 또 자신의 이름을 칭하는 것도 존장(尊丈)에 대한 예의이다.

공자께서 말씀하셨다.
"어버이를 공경하는 것은 덕의 근본이며, 가르침이 생겨나는 근본이니라. 다시 제자리에 앉거라. 내 너에게 이야기를 해주리라. 사람의 신체와 머리털과 피부는 모두 부모에게서 물려받은 것이니, 감히 이것을 손상시키지 않음이 바로 효(孝)의 시작이니라. 몸을 바르게 세우고 도(道)를 행하여 후세에 이름을 날리고, 이로써 어버이를 드러나게 함이 효도의 마지막이니라. 어버이를 공경하는 것에서 시작하여, 다음으로 임금을 섬기고, 끝으로 입신(立身)하는 것이니라. 대아(大雅)에 이르기를, '너의 조상의 생각을 하지 않을 수 없을 것이니 그 덕을 닦아야 한다.'고 하였느니라."

原文 子曰 夫孝德之本也라 敎之所繇生也라 復坐吾語女하리라 身體髮膚는 受之父母라 不敢毁傷이 孝之始也라 立身行道하고 揚名於後世하여 以顯父母는 孝之終也라 夫孝始於事親하여 中於事君하고 終於立身하니라 大雅云 亡念爾祖聿修其德이라 하니라

註 덕(德) 인·의·예·지·신(仁義禮智信)이 갖추어진 완전한 인격을 말한다. 교(敎) 덕에 도달하는 길을 가르치는 수단을 말한다. 유(繇) 유(由)와 같은 뜻을 갖는다. 부좌(復坐) 이제 다시 한번 제자리에 돌아가서 앉으라는 말. 신체발부(身體髮膚) 신(身)은 전신(全身)의 뜻, 체(體)는 손과 발, 발(髮)은 머리털, 부(膚)는 피부이므로, 즉 몸의 모든 부분을 총칭하는 말이다. 훼상(毁傷) 몸에 상처를 내는 것. 입신행도(立身行道) 입신은 사회에 나아가서 자기의 지위를 확고하게 세워서 출세하는 것. 행도는 도를 행하는 것. 중(中) 순정(純正). 사군(事君) 사는 섬기는 것이니, 즉 임금을 섬기는 것. 대아(大雅) 문인에 대하여 편지 겉봉의 이름 밑에 쓰는 말. 여기서는 《시경(詩經)》육의(六義)의 하나로서 큰 정치를 말한 정악(正樂)의 편명(篇名)을

말한다. 율(聿) 자진하여서의 뜻이다.

解義 공자가 말하기를, "어버이를 공경하는 것은 인덕(仁德)을 기르는 기본이며 근저(根底)인 것이다." 하였다. 앞에서 지덕(至德)이라고 말한 것은 이 이치를 가리킨 것이다.

《논어》에도 유자(有子)라는 공자의 제자가 말하기를, "군자는 그 근본을 위하여 힘쓴다. 근본이 선 다음에 도가 생기는 것이며, 효제(孝悌)는 그 인(仁)의 근본이다." 하였다.

그 근본을 위하여 힘쓴다는 것은 효제를 가르침을 말하는 것인데, 효제는 부모 형제를 사랑하는 것으로 인(仁)의 도는 여기에서 생기는 것이다.

그런데 인은 바로 덕의 존칭이다. 그러므로 군자는 근본의 문제에 힘을 쓴다. 근본이 확고하게 설 수 있다면 모든 길은 그곳에서 생기며 스스로 이루어지는 것이다. 그래서 이 효를 덕의 근본이라고 하였던 것이다.

또 가르침이 생겨나는 근본이라고 한 것은 덕성 함양의 중심을 효도에 둔 것으로서 인간의 전덕(全德)인 인심(仁心)을 기르기 위해서는 인간 본성의 발로이기도 한 부모 자식 간의 애정에 기본을 두고 효순(孝順)을 주입하는 데에서 시작된다는 뜻이다. 부모에 대한 효란 여러 종류의 덕을 기르는 근본이 되기 때문에 어버이를 사랑하는 마음은 나아가서는 사람을 자애(慈愛)하는 행위가 되며, 타인을 자애하는 마음은 마침내 생물을 사랑하는 행위로 바뀌는 것이다.

어버이를 사랑하는 일념이 여기에서부터 시작되면 그것이 끊임없이 발전하여 무한정 커간다. 사회관으로서는 인정을 근본으로 하고 육친 관계를 연장시켜서 세상 일반에게 미치게 하는 것이다.

이 뜻은 중요한 문제이므로 이를 설명하기 위해서는 시

간이 많이 걸릴 것이니, 공자는 증자에게 다시 앉아 자세한 이야기를 들으라고 한 것이다.

효란 손쉬운 곳에서부터 시작해야 하는데, 자기의 신체를 보호하여 건강을 유지하는 것이 첫째 의무다.

이 신체는 전적으로 부모의 지체(肢體)인 것이다. 작게 말하면 모발에서 피부의 미소(微小)함에 이르기까지 모두 부모에게서 받은 것이므로, 자식된 자는 그 신체의 모든 것에 손상됨이 없도록 하여 천수(天壽)를 다하는 것이 부모에 대한 도리인 것이다. 그러므로 평소에 근신하여 신체를 아끼고 보호하여 조금이라도 손상됨이 없도록 하는 것이 진정한 효의 시작이라고 말한 것이다. 부모는 항상 자식의 병(病)을 근심한다. 내 자식의 병처럼 어버이의 마음을 아프게 하는 일은 없다. 그러므로 어릴 때에는 몸의 섭생에 주의하여 그 건강을 유지하는 것이 어버이의 마음을 편안케 하는 첩경이 되는 것이다.

또한 자신의 지덕을 연마하는 것을 게을리해서는 안된다. 나아가 사회생활을 함에 있어서 몸을 삼가고 행실을 바르게 하여 항상 정의(正義)를 따라 내 몸을 욕되게 하지 않고 부모의 이름을 더럽히지 않음으로써 뜻 있는 생애를 보낼 수 있는 것이다. 국가 사회를 위하여 진력하고 후세에까지 그 업적을 남기고 이름을 날려서 부모의 이름까지 드러낼 수 있다면, 비로소 효도를 완벽하게 다한 것이라고 할 수 있다.

이 장을 요약해서 말한다면, 첫째 가정에서부터 시작하여 부모에게 효양(孝養)을 다하고 나아가서는 사회 국가에 대하여 법을 지키고 의무를 다하는 것을 중간 지점의 봉사로 삼으며, 마지막으로 충·효(忠孝) 두 가지를 완전히 할 수 있다면 사람으로서 뜻 있는 생활을 보낸 훌륭한 인물이 된다는 것이다.

《시경》의 '대아' 편에 이르기를, "어떤 말을 하거나 행동을 할 때 너의 조상의 생각을 하지 않을 수 없을 것이니 자진해 그 덕을 닦아야 하느니라."고 하였다. 공자는 마지막에 이 《시경》의 글을 인용하여 효(孝)의 처음과 마지막을 한마디로 결론지은 것이다.

參考 이 장에서 공자는 비로소 효(孝)의 글자를 들어서 설명하였다. 앞에서 지덕·효도라고 한 것은 이 효도를 가리킨 것이다. 공자는 효야말로 덕의 근본이라고 말하였다. 어버이를 섬김에 있어 효도하는 행위가 바로 모든 선행의 기초를 이루는 것이며, 도덕이라고 하는 것의 기원도 효에서 생기는 것이다. 덕, 즉 인·의·예·지·신이 갖추어진 완전한 인격을 만들기 위해서는 무엇보다 어버이를 잘 섬겨서 효도하는 것이 가장 중요하다는 것을 말한 것이다.

어떻게 하면 효도에 알맞으며, 어떠한 행위가 효도인 것인가. 첫째 신체를 강건히 하는 일이다. 몸과 마음을 함부로 취급하여 병이 생긴다든지, 방심하다가 상처를 입는다든지, 싸움을 하여 부상을 당한다든지 하여 어버이의 근심이 될 만한 일은 일체 삼가야 할 것이다.

옛사람들은 이 신체를 자기의 것으로 생각해서는 안되며 모든 것이 부모의 것, 조상의 것이므로 소중히 하지 않으면 안된다고 생각하였다. 그러나 그렇게까지 부모나 조상에 대해서 거북스러운 견해를 갖지 않는다 할지라도, 자식을 생각하는 어버이의 정이란 다른 것에 비교할 여지가 없을 만큼 두텁고 깊은 것임을 명심하면 족할 것이다.

제 자식을 가져 보고서야 비로소 부모의 마음을 안다는 것은 옛사람들이 흔히 가르치던 말인데, 어릴 적의 심정으로는 미처 상상도 못할 정도의 깊은 애정을 갖는 것이 어버이다. 부모 자식 간의 정은 이해(利害)를 초월한 것이다.

그럼에도 불구하고 현대의 젊은이들 중에는 자칫 제멋대로 양친을 버리고 돌보지 않는가 하면 치정(癡情) 문제 등으로 불효를 저지르기도 하니 참으로 개탄할 일이다.

타인 간의 애정은 상대적인 것이다. 이해가 어긋나면 증오가 따른다. 그러나 부모 자식 간의 정이란 그렇게 천박한 것이 아니어서 그 사이에는 이해 타산이 있을 수 없다.

자기 자식이 불구이거나 남보다 우둔하다면 더욱 그 자식을 사랑하게 되고, 자기 자식이 사회에 용납이 되지 않고 남의 조소를 받는 신분이 되면 그럴수록 더욱 애련(愛憐)의 정이 생기는 것이 어버이의 마음이다. 자식을 생각하는 어버이의 마음은 진실로 신(神)에 가까울 정도다. 그런 부모에게 효도로써 보답한다는 것은 인간으로서 자연스러운 일일 뿐 아니라 참된 도리인 것이다.

자기 자식이 조그만 상처만 입어도 어버이의 마음은 아프다. 싸움을 하다가 다쳤다든가, 방심하는 동안에 큰 부상을 입었다든가, 위험한 곳에 놀러 갔다가 불행하게도 뜻밖의 죽음을 당했다든가 하면 어버이의 마음은 얼마나 아플 것인가. 그 비탄을 상상하면 인간으로서의 감정을 갖고 있는 자라면 반드시 반성하고 근신하는 태도를 취해야만 할 것이다.

근래 체육 장려의 목적에서 모험적 여행이나 등산을 하는 젊은이의 수가 급증하는 만큼 해마다 거기에 따르는 상당수의 희생자가 나오고 있다는 사실을 신문지상에서 보고 있는 바이다. 청년의 의기를 기르고 산수의 경치를 감상하는 것도 인격 수양의 한 방도임에는 틀림없으나 위험을 무릅쓰고 소위 포호빙하(暴虎馮河)의 용기로써 자기의 생명을 끊는 행위는 부모에 대한 불효가 될 수 있는 것이다.

　모험이라 일컫는 것도 충분한 주의를 갖고 한다면 크게 위험하지 않을 수도 있으니 사전에 만반의 준비와 길잡이를 앞세우고, 또 만용을 제거하는 정확한 판단만 갖춘다면, 결코 생명을 잃는 일은 없을 것이다.

　신체발부를 상하지 않고 지내는 것이 부모에 대한 효행이라고 한다면, 오늘과 같은 복잡다단한 사회 속에서는 그런 주장에 대하여 우유(優柔)에 흐르고 유약한 소리라고 조소를 보낼 사람도 있겠지만 그것은 잘못 생각하는 것이다.

　학교를 졸업하고 국가를 위하여 일하는 경우나 기업주를 섬기고 기업주의 명에 의하여 일할 경우, 간혹 위험을 범할 때도 있으며, 혹은 생명에까지도 관계되는 상황이 벌어질 때도 있을 수 있다. 그러나 이것은 자기의 직무에 대한 본분을 다하기 위한 위함이니, 일신을 죽여서 인(仁)을 이룬 것과 같은 행위이며, 그 때문에 부상이나 죽음을 초래하는 경우가 있을지라도 이것은 오히려 하나의 효행이라 할 수 있다.

　어버이의 슬하에 있으면서 어버이의 보호를 받으며 수양해 나가는 동안은 어버이의 근심의 원인이 되는 일이나 행동은 절대로 피해야 한다.

　세상이 온통 당쟁에 휩쓸리던 시절에도 생각 있는 사람은 부모가 계시다는 이유를 내세워 당파의 가입을 피했다. 이는 용기가 없음이 아니다. 명목없는 다툼을 배제하고 충효를 위하는 일이 아니면 움직이지 않는 사람들 중에 오히려 용기 있는 사람이 많았다.

　곤란을 이겨내고 곤고(困苦)를 참으며 몸과 마음을 수양하는 동안에는 감히 위험한 위치에 몸을 내던지지 않더라도 훌륭하게 목적을 관철할 수 있는 것이다. 남을 죽여야 하고 남에게 상처를 입혀야 하는 기술인 무도(武道)에 있어서도, 그 최후의 목적은 자기를 지키고 살생을 경계하고 나라를 위하여 몸을 던질 경우에만 활약한다는 일종의 수양에 있을 뿐이다.

몸을 사랑하고 생명을 소중히 여기는 것은 부모를 위한 것이기도 하지만 가정을 위해서요, 나아가서는 나라를 위한 것이다. 죽음을 홍모(鴻毛)의 가벼움에 비유하는 것은 의(義)를 생명보다도 중하게 여기는 경우다. 나라를 위하여 전쟁에 나간다든지, 몸을 바쳐 인(仁)을 이루는 경우와 같이 그 사람의 죽음이 남의 이익을 위한 것일 때 그 죽음, 이른바 신체발부를 손상한다 하더라도 충분히 충효의 길을 이룬 것이라고 할 수 있다. 즉 자신의 죽음이 나라를 위하는 것이 되고, 사회의 존경을 받아 부모의 이름도 저절로 나타나며, 그 죽음 때문에 조상의 명예를 높임이 되는 것이다. 양명(揚名)이야말로 위대한 효행인 것이다.

여기서 또한 생각해야 할 일은 죽음을 서두르는 것은 겉으로 보기에 매우 용감해 보인다는 것이다. 그러나 그 죽음이 대의 명분(大義名分) 앞에 꼭 필요한 것이라면 모를까, 그렇지 않을 경우에는 비겁해 보일지라도 생명을 아낄 필요가 있는 것이다. 대용(大勇)은 겁(怯)과 비슷한 것이라고 고성(古聖)은 말하였다. 이를테면 하루라도 더 호흡을 하다 보면 그 하루가 대의를 위하여 일할 수 있는 기회가 될 수도 있다는 견지에서 한 말이다.

만고 충신이면서도 우선은 비겁하다는 말을 감수하고 목숨을 연장하는 수도 있다. 예컨대 사육신(死六臣) 중의 한 사람인 박팽년이 옥새(玉璽)를 세조에게 빼앗기던 날, 못에 빠져 죽을 결심을 하고 있는데, 때마침 성삼문이 달려와서 후일의 거사를 위하여 목숨을 아끼자며 설득시키자 자살을 단념한 일이 있었다. 후일 박팽년은 비록 배신자 때문에 거사는 실패로 돌아갔지만, 세조의 전무후무한 악형을 받으면서도 충신의 면모를 십분 발휘하여 만고에 빛날 이름을 남겼던 것이다.

이 예는 죽음을 서두르는 것은 현명한 행위가 아닐 때가 많으며, 어차피 죽을 바에야 남의 손에 의하여 죽을 상황에 놓일지언정 자살만은 피해야 한다는 교훈을 주는 것이다.

한편 을사 보호 조약 체결을 반대하여 자결한 민영환(閔泳煥)의 예를 보면 그가 천명(天命)을 유지하여 살았다면 다른 방법으로 나라를 위한 일도 했을 것이 아닌가 하는 생각도 들 것이다. 그러나 한말(韓末) 반민족자와 망국배들이 제 세상을 만난 듯 날뛰는 그 시기에 보호 조약을 반대한 그 장렬한 죽음은 한 세대를 뒤흔들었고, 범부(凡夫)들까지도 나라를 위하여 일어서도록 하였다. 그 죽음은 삶보다도 몇 백 몇 천 배 세도(世道) 인심을 진작시켰다. 참으로 죽을 장소와 시기를 잘 알고 있었던 것이라 할 수 있다.

더구나 저 애국의 권화인 윤봉길(尹奉吉) 의사 같은 분의 장거(壯擧)는 실로 중국 천지에서 우리의 외로운 임시정부를 살려냈다고 할 수 있을 정도였다. 윤 의사의 살신성인(殺身成仁)은 그 죽음의 몇 천 배나 큰 효과를 민족의 마음속에 심어 놓았다. 당시의 장개석 중국 총통은 윤 의사 한 사람이 중국 인민 백만 명이 해내지 못할 일을 이루었다고 찬탄하였다. 그리고 망국인(亡國人)이라는 수모를 받으면서 중국에서 거주하고 있던 우리 동포들이 이 사건을 계기로 어떤 대접을 받게 되었는지는 여기서 굳이 거론할 필요가 없으리라.

이같은 예는 장성한 뒤의 일이다. 신체발부를 손상시키지 않음을 효의 시작이라고 하는 것은 청소년 시절의 일이다.

24

부모의 보호하에 생활하면서 수양을 쌓아나가는 시절의 훈계임을 잊어서는 안된다.

장성한 후에는 입신하여 도를 행하고 이름을 후세에 남겨서 부모의 이름을 드러내는 것으로써 효도의 마지막으로 삼는다.

입신한다는 것은 자활의 길을 연다는 것이다. 그 위에 바른길을 걷고, 세상 사람들로부터 존경과 사랑을 받으며, 나라와 사회를 위하여 노력 분투하고 입신출세를 하면 자기 자신만이 아니라 부모의 이름까지 드러나고 조상의 명예가 되는 것이다. 이것이 최후의 효행임을 공자는 설유하고 있는 것이다.

바른길을 걸어서 그릇된 일을 하지 않고, 부호(富豪)가 되고 고관이 되어서 혹은 대중을 이끄는 신분이 될 수만 있으면, 효는 이 위에 더 바랄 것이 없다. 그러나 입신출세를 하는 것은 천 명에 한 명도 나오기 힘들다. 아무리 바른길을 벗어나지 않고 산다 하더라도, 아무리 학문 수양에 힘을 쓴다 하더라도 이름을 후세에 남길 만한 신분이 되지 못하는 경우는 허다하다. 같은 학교에서 배운 학생 중에서도 성적이 좋았던 사람이 오히려 사회에 나와서는 실패를 하는 일도 있고, 불량하여 취할 것이라고는 없을 것 같던 사람이 오히려 사회적으로 성공을 하는 경우도 가끔 있다. 그렇지만 공자가 말하는, 이름을 후세에 남길 출세란 것은 물질 위주의 출세가 아니라 덕행으로써 한 시대의 존중을 받는 정신적인 출세를 말하는 것이다.

그러나 현대에 있어서 출세하여 효도를 행한다고 하는 것은 독립 생활을 하여 바른길을 걷고, 범죄를 저지르지 않고 도덕에 어긋남이 없는, 설사 가난하더라도 양심의 가책을 받지 않을 그런 생활을 의미하는 것이다.

　운이 좋아 고귀한 신분으로 태어난 사람들이 자기의 행복에 취하여 권위나 부(富)를 방패삼아 가난하고 무력한 자의 인권(人權)을 짓밟는 짓을 한다면, 그 행복은 결코 오래가지 못할 것이다. 그래서 옛사람들도 부자 3대가 없다고 하였는데, 이런 속담을 음미해 볼 필요가 있다.

　공자는 일찍이 효에 대하여 다음과 같이 말하였다.

　"아버지가 살아 계실 때에는 아버지의 뜻을 좇고, 아버지가 돌아가신 뒤에는 3년 동안 아버지가 한 일을 바꾸지 말아야 비로소 효자라 할 수 있느니라."

천자장(天子章)

　천자의 효(孝)는 덕의 근원이며 교(敎)가 생성되는 원천이므로, 어버이를 사랑하고 공경함을 다하면 그 덕교가 백성에게 전이되어 천하의 법이 되는 것이다. 백성에게 믿음직스럽게 임하면 공경하게 되고, 부모에게 효도하고 아랫사람에게 자비롭게 임하면 충성스러워지며, 착한 사람을 천거하여 바르지 못한 사람을 가르치면 곧 권하는 것이 되느니라.

공자께서 말씀하셨다.

"어버이를 사랑하는 자는 감히 남을 미워하지 않으며, 어버이를 공경하는 자는 감히 남을 업신여기지 않느니라. 어버이를 사랑과 공경을 다하여 섬기면 덕의 가르침이 백성에게 가해져서 천하의 의법(儀法)이 되는 것이니, 이것이 천자(天子)의 효이니라. 〈여형(呂刑)〉에 이르기를, '한 사람이 경애될 만한 행실을 갖는다면, 모든 백성이 이를 신뢰하게 된다.'고 하였느니라."

原文 子曰 愛親者는 不敢惡於人이요 敬親者는 不敢慢於人이라 愛敬盡於事親하여 而德教加於百姓하고 刑於四海하니 蓋天子之孝也라 呂刑云 一人有慶이면 兆民賴之라 하니라

註 오어인(惡於人) 사람을 미워하다. 만어인(慢於人) 사람을 깔보다. 덕교(德教) 도덕으로써 사람을 착한 길로 인도하는 가르침을 말하는 것. 형(刑) 본보기로 하여 따라가는 것이니, 법(法)과 같다. 사해(四海) 온 천하. 개(蓋) 발언사(發言辭). 대저. 여형(呂刑) 보형(甫刑)이라고도 한다. 《상서(尙書)》에 수록된 편명(篇名). 《상서》는 《서경(書經)》의 구칭으로, 중국의 요·순 때부터 주나라 때까지의 정사에 관한 문서를 공자가 수집하여 편찬한 책이다. 3경 또는 5경의 하나. 경(慶) 몸에 덕망이 있어서 모든 사람으로부터 경애(敬愛)를 받을 만한 사람을 일컫는

말. **조민**(兆民) 일반 국민을 말하니, 온 백성.

〔解義〕 공자가 말하였다. 진심으로 자기의 어버이를 사랑하는 천자는 남을 미워하는 마음을 갖지 않는다. 진정으로 마음의 밑바닥에서 자신의 어버이를 존경할 수 있는 천자는 남을 업신여긴다든지 오만한 태도를 쉽게 취하지 않는다. 참된 경애를 가지고 어버이를 섬기는 사람이 군주가 되어야 비로소 덕교가 백성의 가슴에 침투할 수 있고 백성은 모두 효도를 지키게 되며 사해의 백성들도 감화할 수가 있다. 이것을 천자의 효라고 일컫는 것이다. 《서경》의 여형 편에 말하기를, "천자의 몸에 덕망이 있고 모든 사람으로부터 경애될 만한 행실을 갖는다면 일반 백성은 이를 신뢰하게 되는 것이다."라고 하였다.

〔參考〕 공자는 이와 같이 천자의 효는 덕의 근원이며, 교(敎)가 생성되는 원천임을 설파하였다.

그러나 오늘날 젊은이들 가운데는 아내와 자식에 대한 애정은 극진하지만 자기를 낳아 길러준 부모에 대한 은혜는 망각하는 경우가 있음을 지적하지 않을 수 없다.

공자는 나라 안에 불효하는 자가 많음은 그 나라의 천자, 즉 통치자에게 책임이 있다고 이 장에서 지적하였다.

공자는 효는 덕교가 나오는 근원이며 주체인데, 이런 정신으로 천하를 다스리는 자가 바로 천자라고 하였다.

공자가 말하기를, 천자가 되어서 참으로 그 부모를 공경하면 백성들도 자기 부모를 사랑하게 되며, 부모를 사랑하는 사람이면 남을 미워하거나 천시하는 짓을 하지 않게 된다고 하였다.

이와 같이 천자 자신이 솔선하여 어버이를 친애하고 존

경하는 마음을 다하게 되면 천하 만민도 모두 이를 본받아 각기 그 어버이를 소중하게 봉양하게 된다.

군덕(君德)의 감화는 마치 풀이 바람에 쏠리는 것과 같아서 민중도 또한 효(孝)에 쏠리는 것이다.

그런데 오늘날의 효는 어떠한가.

아직도 우리 농촌에는 부모를 알뜰히 봉양하는 미풍이 그대로 전해져 오고 있는 편이지만, 도시에서는 부모에 대한 효성이 땅에 떨어져 가고 있다. 소위 핵가족 풍조가 점차 무르익어감에 따라 가출 노인의 수도 그에 비례해 많아지고 있는 것이다.

그들이 집을 나가는 주요 원인은 자식들과 며느리들의 무관심과 냉대에 있다고 한다. 더욱이 부모를 냉대하는 자식들의 대부분이 최고 학부 출신의 지성인이라는 데 문제가 있다. 이것은 우리의 전통적인 '효(孝)'의 풍습이 지성인들 속에서 점차 무너져가고 있다는 증거다.

그러면 그 지성인들은 왜 '효'를 저버리고 있는가. 그들이 서구식 교육을 통하여 동양과는 다른 '효'에 대한 개념을 갖게 되었다는 데 문제가 있다.

물론 서구 사회는 일찍부터 개인주의가 발달하여 독립성이 강한 사람들이 살고 있다. 그들은 설사 친자식일지라도 어느 한계를 넘어선 의뢰심은 갖지 않게끔 되어 있다. 그런데 우리 나라의 지성인들은 서구의 개인주의가 지닌 좋은 점은 조금도 파악하지 못한 채 피상적인 외국 풍조만을 배우곤 하기 때문에 자기를 낳아주고 키워준 부모를 업신여기는 못된 버릇이 생긴 것이다.

여기서 필자는 우리 나라의 건국 초기의 주요 정객들을 문득 연상하게 된다.

첫째는 이승만 박사다. 그는 나이 80세가 되어서도 그 부

모, 특히 어린 시절의 어머니의 사랑을 잊지 못하여 잠 못
이루는 밤이 자주 있었다는 말을 하였다.

김구 선생 역시 생전에는 지극한 효자였고, 사후에도 그
의 저서 《백범 일지》를 통하여 어머니를 크게 예찬하고 있
는 것이다.

두 분은 모두 그 부모와 일찍 사별하였거나 혹은 조국
광복을 위하여 사사로운 정분을 희생했기 때문에, 다른 사
람들과 같은 혼정신성(昏定晨省)의 효(孝)를 바칠려야 바칠
수 없었던 분들이었다. 그러기에 더욱 그 부모가 그리웠던
것이리라.

또 초대 대법원장을 지낸 김병로 선생, 이 분 또한 효성
이 지극하였던 분이다. 부친을 일찍 여읜 선생은 그의 조부
(祖父)의 손에서 양육되었는데, 12세 때 안타깝게도 그 조
부마저 돌아가시고 말았다. 선생은 그 어린 나이에도, 아버
지 대신 조부의 은공에 보답하기 위해 조부의 안락한 유택
(幽宅)을 구해 드리고자 엄동설한의 산야를 3개월 동안 헤
매었다고 한다.

앞에서도 말한 바와 같이 효도 중의 가장 큰 효도는 입
신하여 이름을 높이는 것이다. 이 세 분은 모두 위대한 애
국자이기도 했지만 큰 효자이기도 했던 것이다.

불효자라는 말을 듣는 사람치고 잘되는 사람이 드물며,
그 종말도 별로 좋지 않음을 얼마든지 볼 수 있다. 반면에
효자치고 끝이 좋지 않은 사람은 없는 것이다. 비록 당대에
복록을 누리지 못하더라도 반드시 자손 대에는 그에 상당
한 복록을 누리는 법이다. 그러한 효·불효의 예를 들자면
한이 없다.

다만 여기에서 나라의 지도자와 효도의 관계에 대하여
언급해 보겠다. 진심으로 경애를 다하여 어버이를 섬길 줄

아는 자가 천자가 된다면 그는 반드시 백성들에 대해서도 경애를 아끼지 않을 것은 당연한 이치다. 그러한 천자에게는 반드시 관용을 베풀 줄 알고 또한 반성하는 정신이 있다. 이러한 인격, 즉 어버이를 섬길 줄 아는 사람이 나라의 지도자가 되어 효도를 실천하는 날에는 백성들도 남과 다투는 법이 없을 것이고, 불평도 하지 않으며 융화도 잘 이루어지는 사회가 출현하는 것이다.

공자는 남과 다투기를 좋아하거나 또는 불평을 일삼아서 매사에 융화가 잘 이루어지지 않는 사람은 효를 이룰 수 없다는 것을 지적하였다.

그렇다면 효도란 그토록 실천하기 어려운 것인가. 그렇다. 사람에 따라서는 효도란 실천하기가 극히 어려운 것일 수도 있다.

마음속으로는 효도를 해야겠다는 생각이 간절하지만 집이 가난하다 보면 뜻대로 되지 않을 경우도 있다. 또 무지하여 효가 덕의 근본임을 모르는 사람에게서는 효를 바랄 수가 없다.

그러나 상류층의 사람이나 생활의 걱정이 없는 사람이나 학문을 닦은 사람의 경우라면 행하기 쉬운 것이 효이고, 자기의 지위를 지키고 자기를 향한 존경심을 높이게 하는 결과를 가져다주는 것이 효도다.

그럼에도 불구하고 학문을 닦은 사람이나 상류층에 속하는 사람들이 쉽게 행할 수 있는 효도를 잊은 채, 부자 간에 상쟁하고 형제 사이에 담을 쌓는 모습을 볼 때, 나라의 앞날을 우려하지 않을 수 없다.

《대학(大學)》에도 "군자는 집을 나서기 전에 교(敎)를 나라에 이룬다."고 한 뜻은 곧 효를 말한 것이다. 나라의 지도자가 덕의 근본을 잊고서는 나라를 다스릴 수 없다.

그러기에 일찍이 공자는 섭공(葉公)이 정치에 관한 것을 묻자 다음과 같이 대답하였다.

"가까운 곳에서는 기뻐하고 먼 곳에서는 오게 하는 것이니라."

이는 위정자가 덕을 베풀어 선정을 하여 그 나라의 백성이 기뻐하고 심지어 다른 나라에서도 덕을 흠모하여 따라오게 되는 것을 뜻하는 것이다. 정치라 함은 보통 백성을 다스림을 뜻하는 것이나, 거기에는 선정도 있고 악정도 있을 수 있다. 그러나 공자는 그 중에서도 백성에게 덕을 베푸는 선정만을 가리켜 정치라고 한 것이다.

제후장(諸侯章)

높은 지위에 있어도 교만하지 않고, 절제하여 삼가서 그 신분에 알맞는 것이면 상하가 서로 화목하여 길이 존영을 누리게 되며, 돌아가신 부모를 정성껏 모시고 먼 조상을 추모하면 백성의 덕이 두터워질 것이니라.

공자께서 말씀하셨다.

"윗자리에 있으면서도 교만하지 않으면 높으면서도 위태롭지 않고, 신분에 알맞고 예법을 삼가면 가득 차면서도 넘치지 않는 것이니라. 높으면서도 위태롭지 않으면 그것으로써 오래도록 귀(貴)를 지키게 될 것이며, 가득 차면서도 넘치지 않으면 그것으로써 오래도록 부(富)를 지키게 될 것이니라. 부(富)와 귀(貴)가 그의 몸에서 떠나지 않은 연후에야 그 사직을 보전할 수 있고 그 백성을 화평케 할 수 있느니라. 이것이 제후의 효(孝)이니라. 시(詩)에 이르기를, '두려워하고 조심하기를 깊은 못에 가까이 가듯, 살얼음판을 밟고 가듯 해야 한다.'고 하였느니라."

原文 子曰 居上不驕이면 高而不危요 制節謹度이면 滿而不溢이라 高而不危는 所以長守貴也요 滿而不溢은 所而長守富也라 富貴不離其身하면 然後能保其社稷이요 而和其民人은 蓋諸侯之孝也라 詩云 戰戰兢兢하여 如臨深淵이요 如履薄氷이라 하니라

註 거상(居上) 국민의 상층에 있는 자들로서 부호·귀족·고관 등의 사람들을 가리키는 말. 교(驕) 잘난 척한다든지 사치에 흐른다

든지 하는 것을 말한다. **고**(高) 상(上)과 같이 상층의 지위를
말한다. **불위**(不危) 위험이 없다, 위태롭지 않다의 뜻. **제절**(制
節) 신분에 알맞는 것을 말한다. **근도**(謹度) 도(度)는 법이니,
법을 충실히 지켜서 추호도 법에 저촉되지 않도록 하는 마음가
짐. **만**(滿) 가득 차는 것. **일**(溢) 넘치는 것. **귀**(貴) 고위 고
관을 말한다. **부**(富) 재보가 풍부한 것. **사직**(社稷) 나라 또는
조정. 옛날 중국에서 새로 건국하였을 때 천자나 제후가 새로
단(壇)을 세워서 제사를 지냈는데, 토신(土神)을 사(社), 곡신(穀
神)을 직(稷)이라 하였다. **시**(詩) 《시경(詩經)》을 말한다. **전전
긍긍**(戰戰兢兢) 매우 두려워하고 조심하는 것. **심연**(深淵) 깊은
못. **여리박빙**(如履薄氷) 살얼음을 밟는 것처럼 아슬아슬하고 불
안한 지경을 비유하여 이르는 말.

解義 보통 사람, 즉 수양(修養)을 중시하지 않는 사람은 출
세를 하여 고위 고관이 되고 보면 자기의 지위를 믿고 자
기보다 낮은 사람을 못살게 굴거나 경시하면서 으시댄다.
그러나 그러한 행위를 하는 사람은 반드시 남의 원한을 사
게 된다.

원한을 사게 되면 언젠가는 반드시 보복이 돌아와 그 위
치가 위태롭게 되므로, 그것을 잘 판단하여 처세를 잘해야
한다. 아무리 출세를 했다 하더라도 항상 겸손한 마음을 잊
지 않고 아랫사람을 대한다면 그 지위는 결코 위태롭게 되
지 않을 것이다.

또 부호의 집에서 태어났다 하더라도 남의 반항심을 격
화시키는 우(愚)를 범해서는 안될 것이며, 반대로 고생을
하여 쌓아올린 부라 할지라도 너무 인색하고 욕심을 부려
서 재물을 탈취하는 짓을 해서도 안된다. 절제하고 삼가 그
신분에 맞는 생활을 한다면, 가운(家運)이 기울어 가난해질
리도 없고, 또 지나치게 폭리를 취해 남의 원망을 사는 짓
을 하지 않으니, 오래도록 풍요로운 생활을 즐길 수 있는

38

것이다.

제후의 지위에 있는 사람일수록 더욱 이 설(說)에 귀를 기울여 성인의 가르침을 지킨다면, 천하를 다스리고 백성을 화합시키는 데 어려움이 없을 것이다. 요컨대 그렇게 함으로써 천하를 잘 다스리는 것이 곧 제후의 효행인 것이다.

《시경》에서도 말한 바가 있다. 깊은 못에 가까이 가듯, 살얼음판을 밟고 가듯, 세심한 주의를 다하여 자기의 행실을 반성하는 것은 상류층에 몸을 두는 사람에게 있어서는 반드시 필요한 마음가짐인 것이다.

參考 이 장은 제후의 효는 어떠한 것인가를 설명한 것이다.

제후는 일반 백성보다 까마득히 높은 지위에서 한 나라를 다스리는 사람이다. 그러므로 자연히 뽐내는 마음이 생기기 쉽다.

만약 한번 뽐내는 마음이 일어나 제멋대로의 행동을 하게 되면 끝내는 그 지위를 잃고 화를 초래할 것은 필연지사이다. 그러므로 위에서 사치를 하거나 나라의 일을 등한히 하지 않는다면, 그 몸이 높은 지위에 있더라도 불안해할 필요가 없는 것이다.

노자(老子)는 일찍이 제절근도(制節謹度)에 대하여 다음과 같이 말하였다.

"먼저 스스로 생활을 검소하게 세워서 이것을 표준으로 하여 다른 사람을 대하면 틀림이 없는 것이다. 또 자기 집을 잘 다스려 집안이 번영해 나가는 도를 세워서 이것을 표준으로 하여 다른 집도 이끌어 나가는 것이 좋다. 또한 향(鄉)을 바르게 다스려 다른 향도 이끌어가는 것이며, 나라로써 나라를 대하는 것도 같은 뜻으로 하면 된다. 또 천하로써 천하를 봄도 같은 방법이다. 요컨대 바른 도를 세워서 실천하고, 작은 욕심에 사로잡히지 않아야 하는 것이다. 무엇으로써 천하의 바른 것을 알 수 있을 것인가. 검소한 생활이 그것이다."

그러니 그 재산이 풍부하더라도 능히 재용(財用)의 정도를 생각하여 한계를 넘지 않도록 하고, 또한 항상 수입과 지출의 조절을 헤아려서 계획을 세운다면 그 재물을 잃는 일은 없다.

높은 지위에 있더라도 불안함이 없으면 오래도록 그 존영(尊榮)이 유지될 수 있으며, 재물이 풍부하더라도 한도를 넘지 않으면 오래도록 그 부가 지켜지게 된다. 이리하여 부귀가 그 신분에서 떨어지지 않는 한 민심이 귀복하여 길이 그 국가를 보유하고 상하가 서로 화목하며 다 같이 존영을 즐길 수 있는 것이니, 제후의 효는 마땅히 이와 같아야 하는 것이다.

옛날 중국의 제후는 천자에게서 명을 받아 그 땅에 봉해진 사람들이다. 그곳에는 백성도 있고 사직도 있는데 이를 잘 보전하여 또다시 자손에게 전해야만 하였다. 그리고 그 선조된 사람은 그 몸이 이미 세상에서 사라진 뒤일지라도 그 마음에는 현자손(賢子孫)이 태어나서 아무쪼록 대대로 이를 지켜서 잃는 일이 없도록 해주십사고 염원하게 되는 것이다. 그러기에 그 자손된 자가 훌륭하게 그 부귀를 지킬 수가 있으면 비로소 선공(先公)의 자식도 유지되고 선공의 백성도 행복하게 되며, 선공의 영(靈)도 또한 크게 안도하게 되는 것이다. 이것이 제후로서의 효인데, 이보다 더 큰 제후의 효는 없는 것이다.

여기서 우리가 생각해야 할 것은 요제(堯帝)같이 지혜가 있는 분이라 할지라도 많은 사람의 협조 없이는 큰 공(功)을 세울 수 없다는 점이다.

천하장사로 이름난 오획(烏獲)은 천균(千鈞)의 무거운 물건을 예사로 들어올릴 힘을 가지고 있었지만, 그보다 자기의 몸을 바르게 하는 쪽이 더 힘들다고 생각하여 몸을 닦는 데 힘쓰지 않았던가!

윗자리에 있는 사람의 일거일동은 일국을 망하게 하거나 번영케 하는 데 큰 영향을 미치는 것이다. "제후가 저러하니 그보다 밑에 있는 우리가 이 정도의 나쁜 일쯤 한번 한들 어떠랴." 하고 생각하게 되는 것이며, 반대로 "제후가 저렇게 검소한데 우리네가 감히……" 하고 생각할 수도 있는 것이다.

어느 나라의 왕이 갓끈의 색깔을 청색으로 물들였더니 며칠이 안되어 모든 조신들이 이를 따랐고, 석 달이 안되어 나라 안의 모든 사람들이 이에 따랐기 때문에 나라 안의 청색 물감이 온통 바닥이 났더라는 이야기가 있다.

이런 현상은 나라 안의 미풍은 물론 국가의 안정까지도 파괴시키는 것이다. 그렇기 때문에 위에 있는 사람은 한층 엄중하게 자신의 행위와 마음가짐에 대하여 끊임없이 반성해야 한다.

공자는 일찍이 제절근도(制節謹度)에 대하여 말하기를, "사람은 멀리 생각하지 않으면 반드시 가까운 근심이 있다."고 하였다.

제후이든 선비이든 자신을 책하기를 엄중히 하고 남을 책하기를 가볍게 하면 영광은 길이 그 몸을 떠나지 않는 법이다.

경대부장(卿大夫章)

선왕의 법복(法服), 선왕의 법언(法言), 선왕의 덕행(德行)을 행하여 어긋남이 없으니, 녹과 지위를 보전하여 그 종묘를 지킬 수 있는 것이며, 이것이 곧 조상에 대한 효(孝)이니라.

공자께서 말씀하셨다.

"선왕(先王)의 법복(法服)이 아니면 감히 입지 못하고, 선왕의 법언(法言)이 아니면 감히 말하지 못하며, 선왕의 덕행(德行)이 아니면 감히 행하지 못하는 것이니라. 그러므로 법이 아니면 말하지 않고, 도(道)가 아니면 행하지 않는다. 이로써 입에 택언(擇言)이 없으며, 몸에 택행(擇行)이 없게 되느니라. 그리하여 말이 천하에 가득 차더라도 입의 과오가 없게 되고, 행동이 천하에 가득 차더라도 원한이나 미움이 없게 되느니라. 이 세 가지가 갖추어진 연후에라야 능히 그 녹과 지위를 보전할 수 있으며, 그 종묘(宗廟)를 지킬 수 있을 것이니라. 이것이 경대부(卿大夫)의 효(孝)인 것이다. 시(詩)에 이르기를, '새벽부터 밤까지 게을리하지 않고, 한 사람을 섬긴다.'고 하였느니라."

原文 子曰 非先王之法服이면 不敢服이요 非先王之法言이면 不敢道요 非先王之德行이면 不敢行이라 是故로 非法不言이요 非道不行이라 口亡擇言하고 身亡擇行이라 言滿天下亡口過하고 行滿天下亡怨惡라 三者備矣하여 然後能保其祿位하며 而守其宗廟함이 蓋卿大夫之孝也라 詩云 夙夜匪懈以事一人이라 하니라

🔖 **선왕**(先王) 선대의 임금. 여기서는 고대의 성왕(聖王). **법복**(法服) 법관이나 변호사들이 입는 제복. 여기서는 신분에 응해서 선왕이 제정한 의복을 말한다. **법언**(法言) 바른 도리. 법도가 되는 말. **도** (道) 여기의 도는 말할 도로 읽어서 이야기하다의 뜻이다. **덕행** (德行) 어질고 너그러운 행실. **택언**(擇言) 도에 맞는 옳은 말. **택행**(擇行) 남의 모범이 될 선행. **구과**(口過) 구취(口臭). 여기서는 실언(失言)을 말하는 것. **원오**(怨惡) 원망하고 미워하는 것. **녹위** (祿位) 녹과 지위. **종묘**(宗廟) 이조(李朝) 때 역대 왕의 위패를 모시는 사당. 여기서는 중국 여러 왕가의 조상의 위패를 모신 묘(廟)로, 주(周) 이후로 천자는 7묘, 제후는 5묘이다. **경대부**(卿大夫) 집정자(執政者). 경(卿)은 고대 중국의 관제에서 각 성(省)의 장관 이상의 벼슬이며, 대부(大夫)는 사(士)의 위이며 경(卿) 아래의 벼슬로 중국에서는 3등급으로 나뉜다. **숙야**(夙夜) 이른 아침과 깊은 밤. **비해**(匪懈) 비는 불(不)과 같으니, 즉 태만하지 않는 것. **일인** (一人) 천자(天子)를 말한다. 일인지하 만인지상(一人之下 萬人之上) 이란 영의정을 가리킨 말이다.

🔖 공자가 말하기를, "선왕이 예를 만들어 복장의 제도를 정한 것은 각각 그 관위(官位) 신분을 표장(表章)하기 위해서다."고 하였다. 그러므로 그 지위에서 공경(公卿) 대부는 정해진 제복을 착용해야 하며, 함부로 그 규칙을 파기해서는 안된다.

백성의 장(長)이 되어 위에 있는 사람이 항상 해야 하는 말은 인·의·충·신의 규범이 될 만한 말이 아니면 하지 말아야 한다. 함부로 무책임한 말을 해서는 안된다. 평소 그 행동을 삼가며 선왕이 가르쳐 주었던 덕행이 아니면 감히 행하지 않는다. 이같이 몸에는 규정된 의복을 착용하여 질서를 지키고, 말할 때에는 법언을 말하여 구화(口禍)를 초래하지 않고, 행할 때는 바른길을 밟아 남의 경모(輕侮)를 받지 않는다.

그러므로 말하는 것이나 행하는 일이 세인을 비익(裨益)
케 하는 선언(善言)이고 선행이니, 취사 선택에 신경을 쓰
면 실언비행(失言非行)이 없는 것이다.

그 사람이 의견을 말하면 만천하의 사람들이 모두 이에
심복하고, 그 사람이 시행하는 일이 있으면 만천하의 사람
들이 모두 이에 열락(悅樂)한다. 그 하는 말이 백성의 뜻을
거스르지 않고 그 행실이 사리에 어긋나지 않기 때문에 만
인의 환영과 존경을 받게 되는 것이니, 원망을 받는다든지
또는 미움을 받는다든지 하는 일이 전혀 없다.

이같이 복(服)·언(言)·행(行) 세 가지에 있어서 각각 법
과 도리에 맞고 규칙에 어긋남이 없이 도에 따르고 있으므
로 입신행도(立身行道)의 근본이 완벽하게 갖추어져 있는
것이다.

그러한 뒤에 그 지위를 확보하여 녹을 먹을 수 있으며,
조상을 제사하는 종묘를 지켜 선조의 명예를 떨어뜨리지
않고 영혼을 위로하게 되는 것이다. 이것이 곧 경대부의 효
도라 할 수 있는 것이다.

《시경》에 이르기를, "새벽부터 밤까지 게을리하지 않고
사무에 정려하고 덕행을 연마하면서 한 사람[天子]을 섬겨
충근(忠勤)을 다하지 않으면 안된다."고 하였다.

参考 이 장에서는 경대부의 효에 대하여 설명한 것이다. 경
대부로서 마땅히 지켜야 할 것은 지키고 행해야 할 것은
행하여 성인의 길을 벗어나지 않도록 힘써 효도해야 한다
는 것이 이 장의 대의다. 즉 경대부의 지킬 길이란 옛 성인
이 정한 그 관등에 의한 복장을 변경하지 않고, 또 선왕의
정강(政綱)을 고치지 않으며 선왕이 가르친 덕행대로 행하
는 것이다. 많은 정령이나 법률을 발표하더라도 그 법규에

의해 과실을 남기는 일도 없고, 그 행동을 타인한테서 비판 받는 일도 없게 되며, 경대부로서의 책임을 다하는 것이니, 그런 연후에야 비로소 조상에 대한 효도를 다했다고 할 수 있는 것이다.

성인이 제정한 복장이나 법령을 옛 성인이 가르친 대로 받들다 보면 어떻게 새 시대에 적응할 수 있겠는가. 그러나 이 장은 외면에 나타난 세목을 말한 것이 아니라, 근본에 기초한 진리를 말한 것임을 명심해야 한다. 윗사람이나 아랫사람이나 의복의 모양이 동일해진 오늘날일지라도 수입에 따라 또는 관등에 따라 옷감의 품질이나 바느질의 수공비에는 반드시 등급이 있게 마련이다. 가난한 자가 분수에 넘치는 일을 하는 것은 성인의 가르침을 어기는 것이다.

《효경》이 세상에 나온 지 2천 수백 년의 세월이 흘러 세상이 많이 변했지만, 성인이 말한 진리는 이처럼 변함없는 것이므로 대부의 지위에 있는 사람들은 물질적인 욕심을 갖지 말아야 한다. 그렇지 않았다가는 일신상의 파탄을 가져오게 되고, 나라는 망하는 것이다.

선왕의 법언(法言)도 또한 같은 것인데, 선악의 대강(大綱)에 대하여 선왕의 가르침을 지켜야만 신분이 유지된다. 시대의 변화와 함께 법령의 변화도 필연적인 것이다. 그러나 법의 정신은 옛날이나 지금이나 동일하며, 성인의 가르침 또한 천고를 통하여 똑같은 진리를 내포하고 있는 것이다.

공자는 법언이 아니면 말해서는 안된다고 경고하였다. 공자는 참으로 어처구니없을 정도로 간단하게 사람의 말에 대하여 단정을 내렸지만, 예부터 돈과 말에는 마(魔)가 따른다고 하지 않았던가. 그러기에 공자는 법언이 아니면 말하지 말라고 한 것이리라.

돈에는 도둑이 따른다. 그렇다면 어떠한 부작용이 있기에

마가 따른다고 한 것일까.

가령 말을 하되 줄줄 외우듯 하여 말에 그침이 없고, 순서가 서고 조금도 어지럽지 않을 때에는 듣는 이도 그럴듯하여 재미도 느낄 것이다. 그러나 아름다운 꽃에는 열매가 없듯이 유창한 말은 내용이 매우 빈약한 법이다. 그리고 말을 지나치게 잘하기 때문에 오히려 신용을 얻지 못하는 경향도 있다.

또한 내용이 견고하고 빈틈이 없어서 어느 모로 보나 결점이 없는 말은 그 표현이 졸렬하게 느껴지는 경우도 있다. 꾸밈이 없는 말을 한다는 것은 옛사람의 말을 많이 인용하고 또 실제의 예 등을 늘어놓아 서로 비교하며 설명하는 경우를 말함인데, 듣는 이로서는 알아듣기 쉬울지 모르지만 공론이 많아서 실제로는 쓸모 없는 경우가 많다.

이와는 반대로 사물의 중요한 점만 말하고 세부적인 것을 말하지 않는, 말하자면 대체적인 것만 간추려서 간단히 본론을 설명하는 것과 같은 말은 설명 아닌 설명이라 할 것이다. 말을 너무 생략한 나머지 화려하게 꾸미는 멋이 없으면 이 또한 유쾌하게 들릴 리는 없는 것이다.

듣는 이의 마음속을 잘 살펴 그럴듯하게 설명한다면, 듣는 입장에서는 자기의 마음속을 들여다보고 있는 것 같아 불쾌감을 갖게 되고 오히려 업신여김을 당하고 있다는 인상을 주게 된다.

범위가 넓어 고금의 사실을 총망라한다든지 혹은 여러 가지 학설을 들어서 풍부하고 심오한 뜻을 이해하기 어려울 만큼 고고하게 설명해 나가는 것은 듣는 입장에서는 마치 손으로 구름을 붙잡는 듯한 느낌을 주게 된다.

그리고 변설이 민첩하고 비상하여 구체적인 여러 경우를 내세워 설명하고, 이렇게 하는 것이 제일 좋다는 듯이 곧

바로 적응할 수 있는 것만 설명하는 것은, 졸렬하고 지혜가
얕은 것으로 여겨진다. 적절하기는 하지만 너무 얕아서 깊
은 맛이 없는 것이다.

　이와 같이 풀어나가다 보면 말의 결점이란 한이 없을 것
이다. 말하기란 이렇게 어려운 것이다.

　그렇다고 《시경》이나 《서경》에 있는 옛 성현의 말을 인용
하여 무엇이나 옛 성현의 길을 본받아야 된다는 식으로만
설명해 나간다면, 그것은 단지 예부터 전해오는 것을 읽었
음을 알리는 데 지나지 않는다. 많은 것을 알고 있지만,
지금 세상과는 전혀 관계없는 것을 말하고 있는 셈이 된다.

　법언이 아니면 말하지 말라는 공자의 말은 해석하기에
따라 다르겠지만 남을 비방하는 말을 하지 말며, 잘난 체하
지 말며, 쓸데없는 소리를 하지 말라는 뜻일 것이다.

　공자는 세상에 나와 많은 제자를 상대로 무수한 명언을
남겼지만 자기 고장에서 살 때는 벙어리처럼 말이 없었다
고 한다.

　공자는 일찍이 그 제자에게 말하기를, "나는 굳이 무언
(無言)을 바란다."고 하며 요설(饒舌)을 경계한 일이 있다.

　또한 선왕의 덕행이 아니면 감히 행하지 말라고 한 것도
인·의·예·지·신의 근거를 이루는 덕행은 예나 지금이나
같다는 것을 강조한 것이다.

　선왕의 행실을 본받아 그 가르침에 따르면 조그만 비난
조차 받을 까닭이 없다. 경대부쯤 되는 지위에 있는 인물이
라면 이만한 각오와 결심을 갖지 않으면 안될 것이다.

　공자는 경솔한 행동을 경계하여 말하기를, "군자는 무겁
지 않으면 위엄이 없고 학문도 견고하지 못하게 된다."고
하였다.

　다만 입에 택언(擇言)이 없고 몸에 택행(擇行)이 없으면

설사 말이 천하에 가득 차더라도 말로 인한 과실이 없다는
것은, 어디까지나 법에 어긋나는 말을 하지 않고 도가 아니
면 행하지 않는 것을 전제하고 말한 것이다.

그러면 도(道)란 무엇인가? 도의 실체는 법제도 상형(常
形)도 없는, 어떠한 제약도 초월한 것이다. 항상 유약하여
정해져 있는 것같이 보이지는 않지만, 때에 따라서는 이치
에 응하여 나타나는 것이 도다.

만물은 도가 정한 바에 따라서 죽고 살고 하는 것이다.
도는 마치 물에 빠진 자가 물을 많이 마시면 즉사하지만
목마른 자가 적당히 물을 마시면 소생하는 것과 같다.

저 유명한 한비자(韓非子)는 도를 검극(劍戟)에 비유하기
도 하였다. 어리석은 자가 이것을 가졌다면 분노한 나머지
폭행을 하여 화를 낳게 되겠지만, 성인이 이것을 가졌다면
이것을 이용하여 포학을 제거하여 만민의 행복이 된다고
하였다.

시대는 바뀌었지만 진리는 불변이다. 오늘날의 정부의 고
관은 국가에서 그 생활을 보장하고 있다. 그러한 만큼 직무
에 정려하고 덕행을 연마해 나아간다면 이것이야말로 나라
에는 충이요, 어버이에게는 효가 되는 것이다.

'숙야비해 이사일인(夙夜匪懈以事一人)'이라 함은 군주국
가에서는 천자 한 사람을 생각하여 게을리하지 말라는 뜻
이며, 민주국가에서는 경대부 지위에 있는 고관들이 사리를
도모하지 않는 일이야말로 국민을 선도하여 국가 발전에
노력하는 길이라는 뜻이다.

끝으로 재상의 임무에 대하여 몇 가지 언급하려고 한다.
본문에서도 재상은 새벽부터 밤 늦게까지 천자 한 사람을
위하여 그 직무를 게을리하지 말아야 한다고 하였다. 이것
은 제후, 특히 재상의 중임을 나타낸 말이다. 임금은 재상

한 사람을 잘 만나느냐, 잘못 만나느냐로 명군(明君)의 명성을 얻기도 하고 암군(暗君)의 칭을 받기도 한다. 심지어는 재상을 잘못 만나 그 손에 시역(弑逆)되어 나라를 망치는 일도 비일비재하였다.

여기에 현재(賢材)의 일화를 소개해 보려고 한다.

첫째는 제나라의 관중에 대해서다.

제나라의 환공(桓公)이 재상인 관중에게 묻기를, "관직의 정원은 적은데 이것을 구하는 자는 많으니, 이 점이 걱정스럽소." 하였다.

관중이 대답하기를, "좌우의 청탁을 듣지 마십시오. 그 재능에 의하여 녹을 주도록 하시고, 공을 기록하여 관직을 준다면 무능 무공한 자로서 감히 관직을 구하는 자는 없어질 것이니 하나도 걱정할 일이 못 됩니다."고 하였다.

재상 관중은 관리 등용에 있어서 조금도 사(私)라는 것이 없었다. 관중은 과거에 왕의 옹립 문제로 인하여 묶인 몸이 되어 노나라에서 제나라로 압송당한 적이 있었다. 묶여 가는 도중에 그는 기갈을 참지 못하여 구마(驅馬)라는 국경에 이르러 경비병의 집에 찾아 들어갔다. 경비병은 물을 청하는 관중에게 방으로 들도록 한 후 두 무릎을 꿇고 절하면서 좋은 음식으로 후대하였다.

그리고 나서 경비병은 귓속말로 관중을 향하여 속삭였다.

"공이 다행히 무사하게 제나라에 도착하여 등용되는 날, 저에게 어떤 보수로 갚겠습니까?"

"그대의 말대로 내가 등용되는 날이면 나는 현자를 등용시키고, 유능한 자를 써서 공훈이 있는 자를 상훈하게 될 것이다. 그때 무엇으로써 그대의 신세에 보답하여야 할 것인가? 현재(賢才)인가, 기능인가, 공로인가?"

경비병은 이러한 공평 무사한 관중의 말에 실망했다고

한다.

또 한 일화는 주시(周市)에 관한 이야기다.

어느 날 한선자(韓宣子)가 말하기를, "우리 말은 여물이나 조를 많이 주는데도 자꾸만 야위어 가니 그것이 무슨 까닭인지 걱정스럽네." 하고 그 신하인 주시에게 물으니, 대답하기를,

"담당 관리가 예정된 조를 다 먹인다면 살을 찌우지 않으려 해도 살이 찌는 것입니다. 그리고 명목상 많은 조를 준다 해도 그 실속이 적으면 야위지 않으려 해도 야위는 것입니다. 임금이 그 실정을 조사하지 않고 앉아서 말로만 야윈다고 한탄하니 기막힌 일이 아니겠습니까?" 하였다. 주시는 이렇게 임금이 알아듣게끔 대답을 한 것이다.

사장(士章)

　어버이를 섬기는 효로써 임금을 섬기면 충(忠)이 되고, 공경으로써 윗사람을 섬기면 순(順)이 되는 것이니, 아침 일찍 일어나서 밤 늦게 잘 때까지 주어진 책임을 다하여 어버이나 선조에게 욕됨이 없게 해야 하느니라.

공자께서 말씀하셨다.

"아버지를 섬기는 것을 근본으로 하여 어머니를 섬기되 그 사랑하는 마음이 같아야 하며, 아버지를 섬기는 것을 근본으로 하여 임금을 섬기되 그 공경하는 마음이 같아야 하느니라. 그러므로 어머니에게서는 그 사랑하는 마음을 취하고 임금에게서는 그 공경하는 마음을 취하는 것이니, 이 두 가지를 겸한 것이 아버지이니라. 그러므로 효(孝)로써 임금을 섬기면 곧 충(忠)이 되는 것이요, 공경하는 마음으로써 윗사람을 섬기면 곧 순(順)이 되느니라. 충과 순을 잃지 않고 그 윗사람을 섬긴 연후에야 능히 그 벼슬과 녹(祿)을 보전할 수 있고, 그 제사를 지키게 될 것이니라. 이것이 사(士)의 효인 것이다. 시(詩)에 이르기를, '아침에 일찍 일어나서 밤 늦게 잘 때까지 자기를 낳아준 이를 욕되게 하지 말라.'고 하였느니라."

原文 子曰 資於事父以事母하니 其愛同이요 資於事父以事君하니 其敬同이라 故母取其愛하고 而君取其敬하니 兼之者父也라 故以孝事君하니 則忠이요 以弟事長하니 則順이라 忠順不失하고 以事其上하여 然後能保其爵祿하고 而守其祭祀

는 蓋士之孝也라 詩云 夙興夜寐亡忝爾所生이라 하니라

🈖 자(資) 근본 혹은 기초로 삼는다는 뜻인데, 표준이라는 말의 뜻
에 가깝다. 애(愛) 사랑하고 친숙한 것. 경(敬) 존중하고 공경
하는 것. 제(弟) 아우로 많이 쓰이나 여기서는 제(悌)와 같은
뜻으로서 공경하는 것, 즉 형 또는 존장을 잘 섬기는 것을 말한
다. 작록(爵祿) 관작과 봉록. 숙흥야매(夙興夜寐) 아침에는 일
찍 일어나고 밤에는 늦게까지 자지 않으면서 부지런히 일하는
것. 첨(忝) 욕되게 하는 것. 이(爾) 너. 소생(所生) 주로 자기
가 낳은 자식을 가리키나 여기서는 부모를 가리킨다.

🈖 앞에서도 서술한 바와 같이 어버이와 자식 간의 애정
은 인간의 지정(至情)의 것이며 천여(天與)의 성정이다. 이
성정은 유아기에 이미 싹트기 시작한다. 이 애경(愛敬)의
마음의 움직임은 아버지를 섬기는 애경의 길을 취하여 그
것을 그대로 어머니에게 옮겨 섬긴다. 어머니를 사랑하는
것과 아버지를 사랑하는 것은 그 사랑하는 심정에 있어서
똑같은 것이다.

　그러나 어머니에 대해서는 경(敬)으로써 섬기기는 하지
만 사랑을 주로 한다. 그것은 모자(母子) 간에는 주로 은정
(恩情)이 작용하고 있기 때문이며, 따라서 사랑이 주가 되
는 것이다.

　임금을 섬기는 데에는 아버지에 대한 애정의 길을 취하
여 그것을 그대로 임금에게 옮겨 섬긴다. 임금을 공경하는
것과 아버지를 공경하는 것은 그 공경하는 마음에 있어서
똑같다. 그러나 임금에 대해서는 사랑으로써 섬기기는 하지
만 공경을 주로 한다. 그것은 군신(君臣) 간에는 주로 의(義)
가 작용하고 있기 때문이며, 따라서 경(敬)이 주가 되는 것
이다. 의란 사물을 변식(辨識)하는 능력이다. 군신 간에는

자타의 차이를 인식하여 존경하는 마음이 생긴다.

그런데 어머니를 섬기는 사랑과 임금에 대한 공경을 합하여 경중(輕重)과 편파 없이 동량(同量)으로 바치고 섬기는 상대는 아버지다. 그러므로 어머니를 섬김에 있어서는 사랑이 나타나는 것이며, 경(敬)은 그 사랑 속에 포함되는 것이다. 아버지에 대해서는 애경이 아울러 나타나서 친(親)과 존(尊)의 마음이 구비된다.

군신 관계는 가부장제(家父長制) 가족제도에 있어서의 부자 관계와 그 의에 있어서는 동일한 것으로서, 나라에는 통치자가 있어서 집단생활이 충실할 수 있으며, 집에는 가장이 있어서 그 보호로 자녀는 생육되고 발달하는 것이다. 이 관계는 근본적으로 비슷하다. 아버지는 낳아준 근원이기 때문에 천수(天受)의 지정이 그 사이에 존재한다. 임금은 국가생활의 근본이므로 부자의 정의와 같은 것이 그 사이에 존재하고 있는 것이다.

그러므로 자식된 자가 아버지에게 애경의 지정으로써 섬기는 그것이 효인 것이다. 그리고 그 마음을 옮겨 임금을 섬기면 그것이 충(忠)이 되는 것이다. 이와 같이 효의 본질도 애경의 지정이요, 충의 본질도 애경의 지정이다. 그래서 충효일본(忠孝一本) 또는 충효일치라고 말한다. 그러므로 인신(人臣)의 예를 가지고 어버이를 섬기고, 공경하는 길을 취하여 임금을 섬기면 그것이 충이 되는 것이다.

특히 우리 나라에 있어서는 가족제도가 사회 조직의 토대로 되어 있다. 한 가족 내의 생활은 곧 혈족 간의 생활인데, 실로 조상에서 시작되어 자손에 전해지는 영속적 단체인 것이며, 선조를 그 중심으로 한 가부장적 가족제도다. 다른 나라에서는 찾아보기 힘들 정도로 강하게 맺어진 씨족의 집단생활은 우리 국정에도 중요한 의의를 주고 있다.

　현재 동양에서는 몇 나라를 제외하고는 거의 민주 체제로 바뀌어 있다. 그러나 수백 년, 수천 년을 두고 혈연 중심의 가족 체제에 젖어 왔기 때문에 그 관념은 지금도 사회 제도의 토대를 이루고 있다. 말하자면 군주국가는 왕을 중심으로 한 종합 가족제도라고도 할 수 있는, 나라 안 전체가 커다란 한 가족이었던 것이다. 왕은 통치자인 동시에 국가라는 커다란 가족의 가장이었던 것이다. 그러니까 의는 군신이요, 정은 부자와 같다는 군신 관계가 오랫동안 존속해 온 것이다.

　그런 까닭에 어버이를 섬기는 효의 마음을 옮겨 왕을 섬기면 충이 된다는 것은, 동양 각국의 오랜 국체의 바탕을 이루는 요소였던 것이다.

　우리 나라나 중국에서는 고래로 임금은 백성의 어버이〔君者民之父母也〕라는 관념이 국민 도덕의 중핵을 이루어왔다. 즉 부모에 대한 순(順)을 임금에 옮기면 그곳에 충이 생긴다. 이 충과 효는 별개이면서도 하나인 근본적 도덕이 되어 사회를 키워나가고 있었다. 가족제도의 전통적인 근거는 그곳에 있었다. 비록 충과 효의 이름은 달라도 정신은 동일하므로 충효는 일본(一本)이며 무이(無二)인 것이다.

　어찌되었건 그 군부(君父)에 대한 존경심을 옮겨 장상(長上)을 섬기면 그것이 제순(悌順)의 길이다. 제순이란 아우가 형을 대하듯 존장을 잘 섬긴다는 뜻이다.

　이 충과 순의 길을 닦아서 군주와 장상을 잘 섬기면 그곳에 군주상하의 은의(恩誼)도 두텁게 되어 선비의 신분을 다하고, 봉록을 받아서 길이 조상의 제사까지도 받들어 그 자손들 역시 영구히 밝은 생활을 영위할 수 있을 것이다.

　이것이 선비된 자의 효도라고 하는 것이다.

　《시경》에 있는 말과 같이 아침에 일찍 일어나고 밤에 늦

게 잘 때까지 자기에게 주어진 책임을 다하여 남에게서 비
난을 받을 행위를 삼갈 것이며, 자기를 낳게 한 근본인 부
모와 선조를 욕되게 하는 일을 해서는 안된다.

[參考] 이 장은 선비 계급에 속하는 사람의 효를 설명한 것
이다. 선비란 대부(大夫)의 다음 계급이다.

아버지를 섬기는 마음을 표준으로 하여 어머니를 섬기되,
공경하는 데 다소의 차이가 있음을 인정한다. 어머니에 대
해서는 공경하기보다는 사랑하고 친숙하는 경향이 더 강하
다. 그래서 자친(慈親)이라고 하는 것이다.

그러나 아버지에 대해서는 사랑보다 경(敬)의 경향이 더
강하다. 아버지를 대함에 있어서 어머니를 대하는 것과 같
이 버릇없게 구는 것은 크게 예의에 벗어나는 것이다. 그래
서 엄친(嚴親)이라고 하는 것이다.

성인은 아버지를 존경하는 것을 첫째의 의(義)로 삼고 있
다. 마찬가지로 아버지를 섬기는 마음을 바탕으로 하여 군
주를 섬기는 경우, 부모에 대한 마음의 차이와 같이 군주에
대해서도 아버지를 대할 때와 마찬가지로 허물없이 대할
수 없지만 존경하는 마음은 마찬가지다. 그러나 어느 쪽이
나 다소 치우친 경향이 있다. 어머니에 대해서는 사랑에 치
우친 경향이 있을 것이고, 임금에 대해서는 외경(畏敬)에
치우친 경향이 있다. 적당히 양자를 겸하는 것은 역시 아버
지에 대한 것이라고 말할 수 있으며, 아버지를 섬기는 마음
으로 임금을 섬기면 그것이 곧 충이다. 또 선비는 남을 대
함에 있어서 마치 아우가 형을 섬기는 심정으로 공경한다
면 참으로 남의 칭찬을 받을 수 있을 것이다.

임금을 섬기고 장상(長上)을 섬겨야 하는 선비로서는 충
순(忠順)을 잃지 않으면 임금에게서 받은 작록이 유지되어,

조상의 영(靈)을 제사하는 데 불편함이 없을 것이니, 이 신분에 있는 사람들의 최대의 효행이란 바로 충순이다.

그러나 임금을 단심(丹心)으로 섬기다 보면 이와는 형태를 달리하는 특이한 충효일치의 예도 나타난다.

단종 때의 사육신(死六臣)에 얽힌 이야기를 읽어 보면 그런 예가 많이 나온다. 세조에게 넘길 옥새를 단종 앞에 받드는 임무를 맡았던 이가 예방 승지인 성삼문이었다. 그는 두 팔로 받들었던 옥새를 자기도 모르게 부둥켜 안고는 대성 통곡을 하다가 끝내는 세조에게 넘길 옥새를 단종에게 드렸다.

성삼문이 집에 돌아오자 그의 아버지인 성승(成勝) 장군이 아들이 살아 돌아온 것을 꾸짖었다.

"네 어찌 선왕의 고명지신(顧命之臣)이 되어 죽지 않고 돌아왔느냐. 나는 너를 절개 있는 선비로 알았는데 이제 보니 내 집의 불행이로구나."

이런 책망을 들은 성삼문은 엄친에게 한 번 죽기는 쉬운 일이라면서 보위를 회복하기 위하여 죽을 곳을 찾는 중이라 하였다.

이 말을 들은 성승 장군은 주먹으로 서안을 치며 감격해 마지않았다.

성삼문은 후에 단종 복위를 위하여 몸을 바쳐 충성을 다했는데, 이는 그 아버지의 열망에 부응한 것이니 충효의 지정을 다한 것이라 하겠다.

그는 임금을 위한다는 일념으로 대의를 위하여 자신의 몸을 바쳤던 것이다. 이것은 몸을 바쳐 아버지의 가르침을 따랐으니 어버이를 애모하는 효자로서의 지정(至情)을 다한 것이며, 신하로서는 임금을 위한 지정을 다한 것이니 그 근거는 동일한 것이며, 충효일치인 것이다.

《논어》에 자하(子夏)는 말하기를, "어진 사람을 어질게 여겨 섬기되 색(色)을 좋아하는 것처럼 존경해야 할 것이며, 부모를 섬기는 데에는 힘을 다할 것이며, 임금을 섬기는 데에는 몸을 바쳐 충성을 다할 것이다."고 하였다.

끝으로 선비에 대하여 좀더 구체적으로 공자의 말을 인용하여 설명해 보겠다.

어느 날 자공(子貢)이 공자에게 물었다.

"어떻게 해야 선비라고 일컬을 수 있습니까?"

"행함에 있어 염치를 알고 사방에 사신으로 가서 임금의 명령을 욕되게 하지 않는다면 선비라 할 수 있느니라."

자공은 공자의 대답을 듣고 좀더 자세히 말씀해 주기를 청하자, 공자께서 말씀하시기를, "친척들한테서 효자라는 칭호를 듣고 마을 사람들한테서 공손하다는 칭찬을 듣는 것이니라."고 하였다.

그러자 자공은 다시 물었다.

"그 다음은 어떻게 해야 합니까."

"말에는 반드시 믿음이 있고 행동에 언제나 과단성이 있다면 딱딱한 소인이기는 하나 그런대로 선비라고 할 수 있느니라."

자공은 또 물었다.

"요즈음 정치에 종사하는 사람은 어떻습니까?"

"아! 한 말 들이의 작은 도량을 가진 사람들을 어찌 셈에 넣을 수 있으리오." 하고 공자는 도량이 좁고 속이 막힌 사람은 선비 축에 넣을 수 없다고 대답하였다.

그런데 같은 물음인데도 묻는 제자에 따라서 공자의 대답이 달랐다.

이번에는 자로(子路)가 선비는 어떻게 해야 하는가를 물었다.

"아주 절실하게 권면하고, 또 기뻐하며 화합해야만 선비라고 할 수 있느니라. 친구 간에는 의와 정으로써 간절히 권하고 형제 간에는 기꺼이 화합하는 것이니라."

공자는 언제나 제자의 자질이나 성품 등에 따라서 도움이 될 충고를 하였던 것이다.

자로는 성격이 활달하고 용맹이 있는 반면에 동정심이 부족했기 때문에 자공의 물음에 대한 대답과는 다르게 대답한 것이었다.

서인장(庶人章)

천도(天道)에 순응하여 생업에 힘쓰고 몸가짐을 삼
가 방종에 흐르지 않으며, 사치를 경계하고 절약하여
어버이를 즐겁게 봉양해야 하느니라.

공자께서 말씀하셨다.

"하늘의 도를 쓰고, 땅의 이로움으로써 몸을 삼가고, 쓰는 것을 절도 있게 하여 어버이를 봉양해야 하느니, 이것이 서인(庶人)의 효(孝)이니라."

原文 子曰 因天之時에 就地之利하고 謹身節用하여 以養父母하니 此庶人之孝也라

註 **천지시**(天之時) 사계(四季)의 절후(節候)를 말한 것. 사계는 모든 생물을 기르는 자연의 시혜(施惠)이므로 이것을 알맞게 이용하는 것을 천지시(天之時)에 인한 것이라고 말한다. **지지리**(地之利) 천후의 이용만으로는 오곡을 충분히 기를 수는 없으므로 토지의 이용을 생각하지 않으면 안된다. 중국과 같은 광막한 토지에 있어서는 지리적으로 경지나 주거를 충분히 고려하지 않으면 안된다. 비가 오면 홍수가 나고, 날씨가 계속 청명하면 물이 고갈되는 땅에서는 아무리 날씨를 이용하더라도 뜻대로 수확을 얻지 못하게 될 것이다. 농민뿐만 아니라 상인도 천지시와 지지리가 일치하지 않으면 번창할 수 없다. **절용**(節用) 절약하여 씀. 낭비하지 않고 검약하는 것. **서인**(庶人) 서민. 사(士) 이하의 백성을 총칭한 것으로 보아도 좋다. **양**(養) 단지 물질로써 기를 뿐 아니라 정신적으로도 안심시키는 것을 뜻한다.

解義 공자가 말하기를, 경작을 업으로 하는 사람들은 첫째,

천지를 상대로 하지 않으면 안된다고 하였다. 춘하추동 사시(四時)의 운행이나 풍우한서(風雨寒暑)의 순환은 천도(天道)이다. 그러므로 천도에 순응해야 한다고 하였다.

오곡과 초목을 비롯하여 만물을 생육하는 것은 땅의 힘이다. 그래서 땅의 힘을 이용하여 오곡·상마(桑麻)·식림(植林)·목축 따위를 천시(天時)를 어기지 않고 지리(地利)를 잃지 않으며, 각각 연구해서 재배 양식을 도모해야 하는 것이다.

그렇게 하면 해마다 자재도 늘고 생활도 안정된다. 이것이 가장 중요한 일인 것이다. 그럼으로써 어버이를 안주시킬 집도 생기고 구체(口體)를 봉양할 의식(衣食)도 얻게 되는 것이니, 귀한 효심도 발로된다는 것이다. 그리고 항상 자신의 몸가짐을 삼가 방종에 흐르지 않고 사치를 경계하고 재용(財用)을 절약해 나가면, 생활에도 여유가 생겨서 어버이에게도 아무런 근심을 끼치지 않게 된다.

이리하여 부모의 부양을 완전히 하고, 어버이의 뜻을 즐겁게 하여 비로소 물질적·정신적으로 효도를 할 수 있는 것이다. 이것이 일반 서인의 효인 것이다.

參考 이 장은 일반 서인의 효도에 대하여 설명한 것이다. 서인이란 중민(衆民)이라는 뜻으로 농업을 생업으로 하는 사람을 주로 하되 상공업자들까지 포함하고 있다.

이 시대에는 서인과 같은 피지배자의 모든 행복은 지배 계급인 천자나 제후·경대부·사족(士族)들의 손에 달려 있었다.

모든 인간의 생활은 물자에 의하여 영위된다. 그러나 서인에게는 정기적인 봉록이 없으므로, 노동하지 않으면 물자를 얻을 수가 없다. 이 물자가 없이는 아무리 어버이를 애경하는 마음이 있다 하더라도 그 효(孝)를 실현할 수가 없다. 그렇기 때문에 서인에게 있어서 첫째의 급선무는 물자를 얻는 것이다. 이런 이유에서 공자는 특히 사(士) 이상의 사람들에게는 효도를 강조하고, 서인과 같이 안정성 없는 생활을 하는 사람들에게는 세밀하고 엄중하게 효도를 강요하지는 않은 것 같다.

옛날이나 지금이나 서인으로서는 효도를 완전히 하기가 곤란하다. 그러나 세상 사람들이 일컫는 진정한 효자는 빈한한 서인의 집안에서 나오는 경우가 많은데, 이렇게 가난한 중에서 봉양하는 효도야말로 값진 것이라 할 수 있다.

서인의 생활은 항상 불안정하다. 천재지변(天災之變)에 의하여 그 수입에 큰 차이가 생길 수 있고, 평소에 넉넉치 못한 생활을 하고 있는 사람으로서는 충분히 어버이를 섬기고 조상의 제사를 지낸다는 것이 거의 불가능한 일이다. 날품팔이 노동자의 경우라면 아침부터 밤까지 노동에 종사하여 가정을 돌볼 틈도 없는 게 당연하다. 더구나 수입이 너무 적어 처자의 입에 풀칠하기도 힘든 형편에 노부모에 대하여 충분한 효양을 다한다는 것은 얼마나 힘겨운 일이겠는가!

불행하게 사는 사람들은 자기가 이 세상에 태어난 사실마저 저주하여 부모가 자기를 낳아주지 않았다면, 지금 이러한 고통을 겪지 않아도 되었을 것이라고 부모를 원망하기까지 한다. 그러나 부모로서 자식에게 불행한 생활을 시키고 싶은 자가 어디 있겠는가. 자식된 자는 앞으로 자기도 부모가 되어 자식을 갖고 빈곤에 처했을 경우에 비로소 자기 부모의 마음을 알게 될 것이다. 어버이가 자식을 생각하는 마음은 상하(上下)를 통하여 모두 마찬가지다. 그리고 생활이 부유한 자들보다 가난한 자들이 오히려 자식에 대한 사랑은 깊은 것이다.

물론 만 명에 한 명이나 천 명에 한 명의 비율로 진심으로 내 자식을 사랑하지 않는 사람이 있을지도 모를 일이다. 그러나 그러한 인간도 천성적으로 그런 것만은 아닐 것이니, 거기에는 필연 자연의 사랑을 차단하는 불행한 외부의 사정이 개입되어 있을 것이기 때문이다.

내 자식을 사랑하는 것은 본능적인 것이다. 인간 이외의 동물을 보면 안다. 그렇게 하도록 배운 것도 아니고 가르친 것도 아니건만 어미 또는 아비는 자기가 낳은 새끼를 사랑할 뿐만 아니라 외적에 대해서는 죽음으로써 자식을 지키고 있는 것을 목격하곤 한다. 사람이 아닌 짐승들도 그러하거늘 하물며 사람으로서 어버이를 경애하지 않는 자가 있다면 어찌 인간 사회의 일원으로서 생활을 해나갈 자격이 있다고 하겠는가.

부모를 사랑하는 마음이 결여된 인간이라 할지라도 자신의 몸이 부모에게서 태어났다는 것만은 알고 있을 것이다. 그리고 자신은 부모의 분신(分身)이며 조상의 분신이라는 것도 자각할 것이다. 그러므로 부모를 사랑한다는 것은 자기 자신을 사랑하는 것과 같은 일임을 알게 될 것이다.

반드시 좋은 옷, 맛있는 음식만이 부모를 기쁘게 해드리는 것은 아니다. 그 수입과 신분에 알맞게 부모를 봉양하고 위로해 드리면 되는 것이다. 간혹 부모를 봉양하려고 도둑질을 하는 자가 있는데 그 마음은 동정의 여지가 있으나, 그것은 효자의 길이 아니다. 나쁜 일은 길이 계속될 수 없는 것이고, 그 일이 탄로남과 동시에 부모로 하여금 치명적인 치욕과 고통을 느끼게 할 뿐만 아니라 조상의 이름까지 더럽히게 된다.

어째서 같은 인간으로 태어났으면서도 한쪽에는 부귀한

사람이 있고, 다른 한쪽에는 빈곤에 허덕이며 부모마저 봉양하지 못하는 사람이 있는 것일까? 누구나 한번쯤 이런 생각을 해 보았을 것이다. 그러나 이러한 생각 또한 참된 효도를 잊고 덕행에 어긋난 결과에서 나온 어리석은 생각일 뿐이다.

어떤 부모에게 갑과 을 두 자식이 있는데, 갑은 부자이고 을은 가난하다고 하자. 부모는 반드시 부유한 자식의 재산을 나누어 가난한 자식을 구하려고 할 것이다.

이것이 어버이의 마음인 것이다. 부유한 자가 참으로 부모를 사랑하고 또 자기 자식을 사랑하는 마음을 가질 때, 세상에는 굶어 죽거나 또는 생활고 때문에 어버이와 어린 자식들까지 죽음으로 끌고 가는 사람도 없어질 것이다. 그러나 상하가 함께 참된 효도를 잊어버리고 부모에 대해서마저 경애하지 않는 인간이 있을 경우, 그는 타인에게 그 경애심을 나누어주지 않을 것이다. 모두들 공리에만 매달리고 순수한 감정을 무시할 때 이런 불행한 현상이 나타나는 것이다.

《논어》에 공자가 말하기를, "빈천한 처지에서 효양을 다하는 것은 부귀로써 효양을 다하는 것보다 몇 배의 가치가 있다."고 하였다.

오늘날도 효자·효부로 선정되어 표창받는 사람들은 대부분 가난한 사람들이다. 그런 구차한 처지로는 그러한 효양을 할 수 없을 것 같은데도 근검 절약하여 갸륵한 선행으로써 메마른 세상에 흐뭇한 화제를 뿌려주고 있다. 더구나 주목할 것은 그 효자·효부들이 거의 학문이 없는 사람들이라는 점이다. 예전에는 학문을 좋아하는 선비층에 효자가 많았건만 지금은 완전히 그 양상을 달리하고 있는 것이다. 깊이 생각해 보아야 할 문제다.

효평장(孝平章)

　부모가 살아 계시면 멀리 나가서 놀지 말며, 혹 먼
곳에 갈 일이 있으면 반드시 가는 곳을 알려야 한다.
천자로부터 서인에 이르기까지 효란 끝과 시작이 없
는 것이니라.

공자께서 말씀하셨다.

"그런 까닭에 천자(天子)로부터 아래로 서인(庶人)에
이르기까지 효(孝)란 끝과 시작이 없으며, 환(患)이 미
치지 않을 자 없느니라."

原文 子曰 故自天子以下로 至於庶人하니 孝亡終始요 而患
不及者는 未之有也라

註 망종시(亡終始) 효행의 순서를 잃는 것. 환(患) 재화. **불급자**
(不及者) 미치지 않는 것.

解義 당나라 현종(玄宗)이 말하기를, "효에는 다섯 가지 구
별이 있는데 진실로 효는 백 가지 행실의 근본이라고 하였
다. 내 몸을 훼손하지 않는 것에서 시작하여 입신하여 도를
행하고 부모의 이름을 빛나게 하는 것으로 그 끝을 삼는
것이다. 이는 천자에서 서민에 이르기까지 모두 동일하다.
그러므로 시종일관하여 진실로 효도를 다하면 행복도 자연
히 그 몸에 미치는 것이다. 이에 반하여 불효하고 불순한
일이 있으면 그야말로 커다란 죄악이 되는 것이다. 이러한
죄악을 범한 자는 몸에 환난을 불러들여 끝내는 자신은 물
론이요, 나라 나아가서는 천하까지도 망치게 된다. 이러한
사람이 요행이 화를 면할 리는 절대로 없다. 다만 어리석은

자들이 그럴 수도 있다고 잘못 생각할 뿐이다. 제 나름대로
의 상식만 가지고 이 금언을 비웃다가는 큰 불행을 당하게
될 것이다.

参考 이 장은 천자로부터 아래로 서인에 이르기까지 행해
야 할 효도에 대해서 서술하였다. 그리고 효는 중대한 도
(道)임에도 불구하고 간혹 효심이 두텁지 않은 자나 역행
(力行)이 부족한 자가 있어서 효도를 행해도 그만, 행하지
않아도 그만일 뿐, 큰 손실이 없다고 생각하는 자가 있지나
않을까 염려하여 경고한 것이다.

　이 장에서는 신분의 귀천에 관계없이 어버이에 대한 효
성의 길을 그르친 인간으로서 아직껏 순조롭게 잘되어 나
간 사람은 없었다고 단정하였다. 현대인으로서는 신용할 수
없는 말이라고 생각할지도 모르지만, 재화란 눈에 보이는
재액(災厄)만은 아니다.

　물론 물질적인 성공은 그 사람을 행복하게 할 것이다. 그
렇지만 물질적으로 성공한 자라 할지라도 노병사(老病死)에
서 벗어나지 못한다. 아무리 외관상으로는 성공한 자라 할
지라도 근심이 있는지, 또한 어떠한 불만과 고민이 있는지
는 그 누구도 알 수 없는 일이다.

　물질적으로 성공하기까지는 모든 선(善)을 잊어버린 채
악의 화신처럼 행동한 인간이라 할지라도, 의식이 족하고
물질에 대한 욕심과 신체가 쇠잔해감에 따라, 인간으로서의
양심이 되살아나는 법이며, 과거의 행위를 되돌아보게 되는
것이다. 그리고 불효의 죄를 생각하며 남 모르는 참회의 눈
물을 흘리지 않을 수 없는 것이다. 그때 만일 자식들이 불
효하고 있을 경우에는 더욱 깊은 참회에 잠기게 될 것이다.
이 참회 또한 하나의 재앙이다. 종교적 사실을 인용할 생각

70

은 없지만, 그 기묘한 인과를 살펴보면 이러한 사실을 입증하지 않을 수 없다. 선인선과(善因善果)요, 악인악과(惡因惡果), 이것이 바로 효·불효에 얽힌 인과인 것이다. 자기 부모는 학대를 하면서 자기 자식들에게만 잘한다면 자식들도 이를 본받을 것이다. 그리하여 자기 부모에게 저지른 불효를 머지않아 그 자식에게서 되갚음받게 될 것이다.

그러기에 효문(孝門)에서 효자가 난다고 하지 않았는가.

고구려 시대의 악습(惡習) 중에 고려장(高麗葬)이라는 것이 있었다. 늙고 병든 사람을 산 채로 광중에 두었다가, 죽으면 그 자리에 매장하는 것이 고려장이다.

하루는 한 사내가 늙은 그 아비를 지게에 지고 산으로 가서 광중에 넣었다. 그리고는 그 아비를 지고 갔던 지게도 그 자리에 버렸다.

그런데 할아버지의 고려장을 보려고 따라갔던 어린 아들이 그 아비가 버린 지게를 주워 오는 것이 아닌가. 그 아비는 사람을 버린 지게는 집 안으로 가져가는 게 아니라고 타일렀지만 그 어린 놈은 막무가내였다. 그리고 말하였다.

"장차 아버지를 버릴 때 또 지게가 필요할 것이 아닙니까?"

그 어린 아들은 이렇게 주장하는 것이었다. 그 사내는 아들의 말을 듣고 문득 깨달은 바가 있어 울면서 광중에 버렸던 그 아비를 다시 지고 되돌아왔다.

이처럼 불효문(不孝門)에서는 불효자가 나오고, 효문에서는 효자나 충신이 나오는 것이다. 눈으로 보고 귀로 들은 것이 장성함에 따라 저절로 몸에 배는 것이다.

효문의 예를 충무공 이순신 장군의 가문에서 찾아보자.

공(公)이 출천(出天)의 효자였음은 세상이 다 아는 사실이다. 그러나 공은 부친상을 당했을 당시에 함경도 건원보

(乾原堡)의 권관(權管)으로 있었기 때문에 아버지의 임종을 지켜보지 못하였다. 모친 또한 전라도 고음천(古音川)에서 충청도 본댁으로 돌아오는 배 안에서 돌아가셨기 때문에 공은 그때도 종신하는 아들이 되지 못하였다.

더구나 공은 옥에서 풀려나와 그 길로 백의종군의 길에 올랐기 때문에, 어머니의 장사도 제대로 치르지 못한 채 의 금부 도사에게 재촉되어 원수부로 향하였던 것이다.

공자는 일찍이 효는 덕의 근본이라고 하였다. 공자의 이 금언을 충무공에게 견주어볼 때 문자 그대로 꼭 들어맞는 말임을 알 수 있다.

공에게는 두 형님과 한 계수씨가 있었다. 그러나 두 형님 내외는 일찍 세상을 떠났기 때문에 형님의 어린 자녀들은 공의 슬하에서 양육되었다.

공은 먹을 것이 있을 때마다 조카들에게 먼저 나누어 준 다음에야 자기 자녀들에게 주었다고 한다.

모든 덕행은 효에서 나오는 것이다. 공은 효자였기에 이런 덕행이 저절로 이루어진 것이다. 만약 그 어머니에게 효도를 했다 하더라도 그 조카들에게 잘못하였다면 공은 효자일 수 없었다.

효는 그 부모의 마음을 편하게 해드려야만 이루어지는 것이지 물질만으로 이루어지는 것은 아니다. 만약 공이 어머니에게만 좋은 음식을 드리고 조카들에게는 주지 않았다거나 자기 소생에게만 맛있는 음식을 주고 조카들에게는 주지 않았다면 어떻게 되었을 것인가. 그 할머니는 음식을 먹되 먹지 않은 것과 마찬가지였을 것이다.

공의 조카들은 이렇게 양육되었다. 그 때문에 그들의 효심이나 우의는 실로 놀라웠다. 그 조카 중의 한 사람인 이완(李莞) 같은 분은 충청 병사를 거쳐 의주 부윤(府尹)까지

지냈는데, 청태종(淸太宗)의 호란이 일어났을 때 분전하다가 세상을 떠났다. 나라에서는 충신이라 하여 강민공(剛愍公)의 시호를 내렸다.

이리하여 충무공 가문에서는 5대에 걸쳐 7충 1효가 났던 것이니, 당연한 일이라 할 수 있다. 7충은 첫째가 충무공, 둘째가 셋째 아들인 면(葂), 셋째가 조카인 완, 넷째가 공의 서자인 훈(薰), 다섯째가 역시 공의 서자인 신(藎), 여섯째가 공의 4대손인 홍무(弘茂), 일곱째가 5대손인 봉상공이다. 그리고 1효는 공의 7대손인 제빈공(悌彬公)이다.

이 7충 중에서 완과 신은 의주에서 호란을 만나 같이 적을 맞아 분전하였는데, 완공이 먼저 불에 뛰어들어 죽자 이것을 본 완의 종제인 신 또한 종형의 뒤를 따라 자결하고 말았다.

또한 홍무는 그 조카인 봉상공이 충청 병사로 있을 때 청주에 들렀다가 때마침 이인좌(李麟佐)의 난을 만나게 되었는데, 그들은 끝내 항복하지 않고 버티다가 숙질과 함께 순국하였다.

이러한 충성과 우의는 어디에서 연유한 것일까? 이는 효에서 연유한 것이다. 충무공처럼 충효를 다한 성웅이 있었기에 5대에 걸쳐 7충 1효가 나온 것이다.

삼재장(三才章)

효란 하늘의 법도이고 땅의 의리이며 백성의 행실이니, 천지 간에 효행의 덕만큼 위대한 것은 없다. 모든 일에 근본이 서야만 도(道)가 생기며, 효성과 우애는 인(仁)을 실천하는 근본이니라.

증자가 말하였다.

"깊기도 하도다. 효(孝)의 위대함이여!"

공자께서 말씀하셨다.

"효(孝)란 하늘의 법도이며 땅의 의리이고 백성의 행실이니라. 하늘과 땅의 법도가 있으니, 백성은 그것을 본받아야 하느니라. 하늘의 밝음을 본받고 땅의 이점을 근거로 하여 천하를 순하게 하는 것이니라. 그러므로 그 가르침은 엄격하지 않더라도 이루어지며, 그의 정치는 준엄하지 않더라도 다스려지는 것이니라.

옛 선왕(先王)들은 교화로써 백성을 개화시킬 수 있다고 보았으므로, 이에 앞서 박애(博愛)를 실천하여, 백성들은 모두 그 어버이를 소홀히 하는 이가 없게 되었느니라. 그들에게 덕(德)과 의(義)로써 하니, 백성들은 모두 일어나 행하였느니라. 이에 앞서 공경과 사양을 실천하니, 백성들은 다투지 않게 되었느니라. 그들을 인도하기를 예와 악(樂)으로써 하니, 백성들은 서로 화목하게 지내게 되었느니라. 그들에게 제시하기를 호악(好惡)으로써 하니, 백성들은 금하여야 할 것을 이해하게 되었느니라. 시(詩)에 이르기를, '혁혁한 태사(太師) 윤씨(尹氏)여! 백성들 모두 그대를 우러러보도다.' 하였느니라."

原文 曾子曰 甚哉라 孝之大也여 子曰 夫孝天之經也요 地
之誼也요 民之行也라 天地之經이니 而民是則之라 則天之
明하여 因地之利以順天下하다 是以其敎下肅而成이요 其政
不嚴而治라 先王見敎之可以化民也라 是故로 先之以博愛하
여 而民莫遺其親이요 陳之以德誼而民興行이라 先之以敬讓
而民不爭하고 道之以禮樂而民和睦하고 示之以好惡而民知
禁이라 詩曰 赫赫師尹이여 民具爾瞻이라 하나라

　심재(甚哉) 깊기도 하도다. 여기서는 감탄사. 대(大) 효도의 위
대함을 예찬한 말. 천지경(天之經) 하늘의 경(經). 경은 상(常)
인데 언제까지나 변하지 않는 것, 곧 일월성신(日月星辰)의 운행
과 같은 것을 가리킨 것이다. 지지의(地之誼) 의(誼)는 의(義)
와 같으니, 지상의 생물을 바르게 기르는 것을 말한다. 행(行)
바르게 행하는 것으로서 무리하지 않고 물이 흐르는 것처럼 효
도를 하는 것. 칙(則) 법과 같은 의미로 법에 따르는 마음. 천
지명(天之明) 하늘의 덕(德). 일월이 천지를 비추는 것처럼 공평
무사한 덕을 말하는 것. 지지리(地之利) 땅의 의(誼) 혹은 땅
의 의(義)와 같은 의미이니, 광대무변한 대지의 덕을 가리킨
다. 순(順) 다투지 않고 불평함이 없이 따르는 것. 숙(肅) 경
계한다는 뜻. 억지로 바르게 하는 것. 힘에 의해서 강기(綱紀)를
바르게 한다는 뜻이다. 엄(嚴) 준엄한 것. 견(見) 아는 것. 화
(化) 악에서 선으로 인도하는 것. 행(行) 여기서의 행은 백성의
선행(善行)을 말하는 것. 경양(敬讓) 남을 공경하고 스스로를
비하(卑下)하는 것. 도(道) 여기서는 도(導)와 통하니, 인도함이
다. 예악(禮樂) 성인이 만든 예의범절과 그것에 알맞은 음악.
호오(好惡) 좋아함과 싫어함. 선을 즐기고 악을 싫어함을 말한
다. 금(禁) 금지해야 할 사항, 또는 해서는 안되는 일. 혁혁(赫
赫) 태양의 빛과 같이 밝고 성한 것. 사윤(師尹) 주나라 태사

76

(太師)인 윤씨(尹氏)를 말하는 데 여기서는 재상(宰相)의 뜻으로 본다. **구**(具) 다 함께. **이**(爾) 너. **첨**(瞻) 우러러보는 것.

解義 증자가 효행의 덕만큼 깊고 위대한 것은 없다고 말하자 공자가 말하기를, "모든 도덕은 효를 근원으로 하여 생기는 것이며 그밖의 것은 효도에서 나누어진 분파 같은 것이라고 해도 좋다."고 하였다.

효도는 곧 하늘이 낸 진리인데 일월성신의 운행과 같은 필연적인 것이며, 지상의 생물을 바르게 기르는 땅의 임무와 같은 것이며 백성의 당연한 행위인 것이다. 효도는 천지지경(天地之經)이니만큼, 백성의 우두머리인 임금이 효를 가르치는 데 있어 굳이 직접적으로 설유할 것까지는 없으며, 임금이 행하는 효를 본보기로 하여 백성이 이를 따르도록 하는 것이다. 곧 천지를 비추는 공평무사한 일월의 덕과 땅의 활용의 의(義)로써 천하를 이끌어가면 되는 것이다. 이 말은 곧 나라의 지도자가 스스로 효를 그의 가정에서 행하면 그것으로 백성들은 자연히 감화된다는 것이다.

그러므로 그 가르침은 굳이 애써 이루려고 하지 않아도 되는 것이며, 그 정치는 엄중하지 않더라도 잘 다스려지는 것이다. 그러기에 선왕은 앞장서서 수범함으로써 백성을 교화하였다. 선왕이 박애심으로써 나라를 다스리면 사해의 백성은 그 어버이를 버리는 일이 없었다. 또 백성에게 덕의(德誼)를 펴면 백성은 스스로 일어나 선행을 하였다. 임금이 앞장서서 경양(敬讓)을 하면 백성은 다투지 않았으며, 이를 인도함에 있어서도 예의범절과 이에 알맞은 음악으로써 하면 백성은 화목하게 되었으며, 백성에게 권선징악(勸善懲惡)의 도리를 보이면 백성은 지켜야 할 법리를 자연히 알게 되었다.

《시경》에 이르기를, "혁혁한 태사(太師) 윤씨(尹氏)여! 모든 백성이 그대를 우러러보도다." 하였는데, 이것은 지도자의 행동이 백성들의 지표가 된다는 것을 의미한 것이다.

[參考] 천지 간에 효행의 덕만큼 위대한 것은 없다. 모든 도덕은 효를 근원으로 하여 생긴 것이며, 그밖의 것은 효도에서 나누어진 것으로 보아도 좋다는 것은 이미 앞에서도 기술한 바 있다.

1분 1초의 그릇됨이 없이 천지가 운행하는 것과 같이, 효도의 정신은 영원히 변하는 일이 없고 소멸하는 일이 없으며, 인류의 생존이 계속되는 한 모든 도덕의 기본이 되는 것이다. 도덕의 기본이라고 하면 대단히 존엄하게 들리겠지만, 천지의 상도(常道)이기 때문에 인간으로서는 가장 친숙하고 행하기 쉬운 것이다. 곧 효도는 자연인 것이다. 부모에게서 사랑을 느끼는 것은 가르쳐 주지 않더라도 본능적으로 우러나는 감정이니 어린아이가 아버지를 찾고 어머니를 찾는 그 모습을 보라! 그러한 본능적 애정이 장성함에 따라 엷어져서 자칫 효도의 정을 잊고 사는 것은 무슨 까닭일까?

그 원인은 한 나라를 이끌어가는 사람의 잘못일 수도 있고, 장상(將相)된 사람들의 영향도 있으며, 자식을 대하는 부모의 태도에도 잘못이 있다고 할 수 있다.

그러나 그 중에서 하늘의 진리[天之經]와 땅의 이[地之利]를 따르지 않는 위정자의 치세(治世)가 가장 큰 원인일 것이다. 그러므로 위에 서는 사람은 한층 더 깊이 효도를 행하지 않으면 안된다.

효란 부자지도(父子之道)를 근본으로 하기 때문에 그 가르침도 강제성을 띠는 그런 성질의 것이 아니다. 그 가르침은 준엄하지 않고 극히 온유한 것이어서, 일반 백성은 그 가르침을 잘 지키고 그 정치에 복종할 수 있는 것이다.

사람의 본성은 악이라고도 하며, 선이라고도 한다. 그러나 그 어느 쪽이건 악을 행하는 자에게 선으로써 대하여 원한을 산 사람이 있었을까. 형벌에 있어서도 엄벌주의로 임하는 나라일수록 빨리 망하는 법이다.

본문의 "그 가르침은 엄격하지 않더라도 이루어지며, 그 정치는 준엄하지 않더라도 다스려진다."는 말은 깊이 음미해야 할 교훈이다. 이 교훈을 가정에 옮기더라도 그 효과는 마찬가지일 것이다.

덕의 근본이 효도라는 말을 환언하면 덕이란 애경(愛敬)의 염(念)에서 생긴 것이라고 할 수 있다. 그러므로 정책이나 법률도 모두 이 경애심을 기초로 하지 않으면 안된다. 경애를 기초로 하면 처벌되더라도 원망하지 않으며 질책을 들어도 반항을 느끼는 일이 없다.

그러므로 유자(有子)도 말하지 않았던가.

"효성이 있고 우애가 있는 사람으로서 윗사람에게 도리에 벗어난 행위를 하는 사람은 드물다. 그리고 윗사람에게 도리에 벗어난 언행을 하지 않는 사람으로서 법을 어기고 사회의 질서를 문란하게 하는 사람은 여지껏 없었다. 군자는 기본이 되는 일에 힘쓴다……"

위정자가 효도를 기초로 한 박애주의로써 정치를 하여 백성을 교육한다면, 자연히 부모에게 불효를 하거나 부모를 버리는 따위의 그릇된 생각을 하는 사람은 없어질 것이다. 덕의를 주지로 하여 그 가르침을 펴나가면 백성도 행실을 바르게 한다. 경양(敬讓)의 마음을 갖고 백성을 인도하면 백성 사이에 다툼이 일어나는 일도 자연히 적어질 것이다. 딱딱한 설법만을 능사로 하지 않고 올바르고 고아한 음악

등을 이용하여 백성을 교화하면 백성의 마음을 부드럽고 정답게 만들 수 있다. 이것을 나타냄에 호오(好惡)로써 한다는 말은 음미할 가치가 있는 말이다. 선악을 가르치는 데 있어 현대의 교육자들이 하는 것처럼, 혹은 현대의 부모들이 해나가고 있는 것처럼 함부로 잘못을 꾸짖거나 해서는 도덕심이 함양될 리가 없다.

법률을 아는 자가 법률을 악용하려는 의도를 갖는다든지 의사가 의사답지 않게 섭생을 게을리한다든지 하는 것도 요컨대 도덕심의 결핍 때문이다.

유럽의 학자 중에는 교육과 도덕의 관계를 연구한 사람이 있다. 그러나 그 연구를 통하여 교육이 도덕 향상에 아무런 효과도 거두지 못하고 오히려 교육의 진보가 범죄를 증가시키고 있다는 사실을 알아냈다. 이것은 현대의 교육이, 악이 악임을 인식시키지 못하고 선이 선임을 깊이 알리지 못하기 때문인 것이다.

다른 사람이 보아서 악으로 느끼는 것은 자기 자신도 악으로 느낄 것이며, 다른 사람이 보고 잘됐다고 생각하는 것은 자기 자신도 잘했다고 생각하는 것이다. 이것을 음식물에 비유해 보자. 신선한 야채나 어육은 누구나 맛이 좋을 것이라고 생각한다. 그러나 부패한 어육은 누구도 손을 대지 않는다. 말하자면 신선한 야채나 어육은 선이고, 부패한 어육은 악이기 때문이다. 벌률로써 금하지 않더라도 부패한 고기를 먹겠다고는 하지 않는다. 그와 같이 누구나 나쁜 것은 싫어하는 법이다. 자신이 좋아하는 것은 다른 사람이 보아도 곱고 훌륭한 것이다. 그래서 모두가 싫어하는 것이라면 법률로 금지하지 않더라도 스스로 나쁜 일을 하지 않게 되는 것이다.

현대인은 선악에 대해서는 너무 지나칠 정도로 잘 알고

있다. 나쁜 짓을 범하면 어느 만큼의 형벌이 가해지리라는 것까지 알고 있으면서도 오히려 나쁜 짓을 하는 자가 늘어나는 것은 어째서일까? 눈으로 가르쳐 준 것을 보아 알고 있을 뿐, 마음으로는 아무것도 볼 수 없는 장님이나 마찬가지다. 이론상으로 아는 데는 대단히 훌륭한 솜씨가 있지만, 조금도 실행이 뒤따르지 않는 것이 현대인의 커다란 모순이다. 어버이에게 효도를 해야 한다는 것은 세 살 난 어린애라도 지껄일 수 있다. 그러나 애경하는 마음을 널리 펴서, 이웃을 대하고 사회를 대할 만큼의 각오를 갖는 사람은 매우 찾아보기 힘들다.

"혁혁사윤 민구이첨(赫赫師尹 民具爾瞻)"이라는 《시경》의 구절은 높은 자리에 앉은 사람에 대하여, 백성 모두가 일제히 우러러본다는 뜻이다. 우두머리의 행위는 일반 백성에게 대단한 영향을 미치는 것이므로, 스스로 그 행실을 바르게 하고 덕교를 지키지 않으면 안된다는 것을 경계한 것이다.

효치장(孝治章)

효성과 우애가 있는 사람으로서 도리에 벗어나는 행동을 하는 사람은 드물다. 그런 까닭에 집안을 다스리고 나라를 다스리며 천하를 다스리게 되느니라.

공자께서 말씀하셨다.

"옛날의 명철한 임금이 효(孝)로써 천하를 다스릴 때에는 비록 작은 나라의 신하라 할지라도 감히 소홀히 하지 않았거늘, 하물며 공(公)·후(侯)·백(伯)·자(子)·남(男)임에랴. 그런 까닭에 만국(萬國)의 환심(歡心)을 사서 그것으로써 선군(先君)을 섬기게 되었느니라. 나라를 다스리는 자는 홀아비나 과부라도 감히 업신여기지 않는 것이니, 하물며 선비나 백성에게랴. 그런 까닭에 백성들의 환심을 사서 그것으로써 선군을 섬기게 되었느니라. 집안을 다스리는 자는 감히 부하나 첩의 마음에 실망을 주지 않는 것이니, 하물며 처자에게랴. 그런 까닭에 사람의 환심을 사서 그것으로써 어버이를 섬기게 되었느니라. 그러므로 살아서는 어버이가 편안히 지내고, 제사를 지내면 귀신으로서 흠향하게 되는 것이니라. 그로 인하여 천하가 화평하고 재해(災害)가 생겨나지 않으며, 화란이 일어나지 않게 되는 것이니라. 그러므로 명철한 임금이 효(孝)로써 천하를 다스리면 모두 이같이 되는 것이니라. 시(詩)에 이르기를, '덕행이 위대하니, 사방의 나라들이 따른다.'고 하였느니라."

原文 子曰 昔者明王之以孝治天下也에 不敢遺小國之臣인데 而況於公侯伯子男乎아 故得萬國之歡心하여 以事其先王하니 治國者는 不敢侮於鰥寡인데 而況於士民乎아 故得百姓之歡心하고 以事其先君이라 治家者는 不敢失於臣妾之心인데 而況於妻子乎아 故得人之歡心하여 以事其親이라 夫然故生則親安之하고 祭則鬼享之라 是以天下和平하야 災害不生이요 禍亂不作이라 故明王之以孝治天下也이 如此라 詩云有覺德行하니 四國順之라 하니라

註 **명왕지이효**(明王之以孝) 명왕은 불교에서는 신장(神將)을 가리키는 뜻도 있으나 여기선 현철한 왕을 말한 것이다. 성왕의 효를 뜻하는 것. **유**(遺) 잊혀진. 존재가 없는. **소국**(小國) 주대(周代)에는 제후 자남(子男)의 나라로서 사방 50리가 못 되는 영지를 갖는 나라. **공후백자남**(公侯伯子男) 제후. 영지(領地)의 대소(大小)에 따라 제후에 다섯 등급이 있었다. 공후(公侯)는 지위에 상하의 차이는 있으나 영지는 다 같이 사방 100리였으며, 백(伯)은 사방 70리, 자(子)와 남(男)은 사방 50리였다. **만국**(萬國) 세계의 여러 나라. 여기에서는 국내를 가리킨다. 옛날 중국은 자령(自領) 내에 많은 국명(國名)이 있었는데, 그 나라들 모두를 가리키는 말이다. **환심**(歡心) 기뻐하는 마음. 환심을 얻는다는 것은 자국 이외의 여러 나라한테서 미움을 받지 않는다는 말. 자기 주위에 있는 많은 나라는 어느 나라나 적으로 보지 않으면 안된다. 그러므로 그 나라들을 노엽게 해서는 안되므로 환심을 얻는 것이다. **환과**(鰥寡) 홀아비와 과부. 의지할 곳이 없는 사람들. **사민**(士民) 사(士)와 평민. **신첩지심**(臣妾之心) 신첩은 여자가 임금 앞에서 자기를 칭하는 말이다. 그러나 여기에서는 신은 부하요, 첩은 외에 거느리는 여자를 뜻한 것이다. 즉 부하와 첩 등 아랫사람의 마음을 말하는 것. **부연**(夫然) 그러하거늘. **향**(享) 흠향(歆饗)하다. 넋이 찾아와서 만족스럽게 산 사람의 후의(厚意)를 받는 것을 말한다. **재해**(災害) 재앙으로 인하

여 받은 피해를 말하는 것으로, 재앙은 하늘에서 주어진 재액을 말한다. **화란(禍亂)** 인간이 일으킨 재난. 재화와 세상의 어지러움. **각(覺)** 깊이 사리를 생각한 끝에 혜두(慧竇)가 트이어 환하게 아는 것. 또는 깨달은 뒤의 밝음을 나타내는 말. **사국(四國)** 주위의 나라들.

解義 옛날의 성인은 효도를 근본으로 하여 정치를 하였기 때문에 첫째로 경애심으로써 아랫사람을 대하였으니, 즉 경애를 제일의 목적으로 해서 처세를 하였던 것이다. 그러므로 천자는 아무리 작은 나라의 가신, 곧 배신(陪臣)의 배신이라 할지라도 소홀히 대하지 않았으니, 그 제후인 공·후·백·자·남과 같은 중신에 대해서도 두텁게 대한 것은 말할 것도 없다.

그 결과 도처에서 그 정치를 진심으로 환영하였다. 이러한 것이야말로 선왕을 섬기는 최대의 효였던 것이다. 효를 기초로 하여 나라를 다스리는 군주는 궁민(窮民)이라 할지라도 결코 업신여기는 법이 없이 경애심으로 대하고, 사민(士民)에 대해서는 더욱 주의해서 접촉한다. 이들에게서 예찬을 받게 되니 이 사실 하나만으로도 선왕에 대하여 큰 효도를 한 것이다.

또 효도를 바탕으로 하여 가정에 임하므로 가족을 경애한다. 그러므로 부리는 사람들이나 그밖의 사람들이 불만을 나타내는 일은 없다. 부리는 사람들을 만족시킬 수 있었으니 처자를 만족시키지 않을 리 없다. 처자나 부리는 사람들을 만족시켜서 불평이 없게 한다는 것은 일가의 단란을 의미함이니 부모에 대한 효가 아닐 수 없는 것이다.

이렇게 살아서 그 부모의 마음을 편하게 하고 돌아가신 뒤에는 이러한 분위기에서 제향을 지냈으므로, 영혼도 기쁘게 이를 받아들여 천하는 화평하고 재앙은 일어나지 않았으며 화란을 만들지 않았는데, 이것이 곧 명왕지효(明王之孝)이다.

《시경》에 이르기를, "천자에게 커다란 덕행이 있으면 사방 만국도 모두 이를 따라 덕을 행하게 된다."고 하였다.

參考 옛날 명철한 군주가 효로써 천하를 다스린 것은 효도로써 치국의 근본 정신을 삼았음을 의미한다.

그래서 부모에 대한 애경지심을 일반 백성에게까지 미치게 하고, 저 많은 소국의 미신(微臣)에게까지도 감히 그 대우를 소홀히 하는 일이 없었다. 효자는 다른 사람까지도 공경하는 인격을 갖추고 있는 것이다.

수많은 임금들이 신하를 업신여기다가 해를 당한 사실(史實)을 우리는 많이 알고 있다. 임금은 군자의 도량을 지녀야만 그 지위를 지킬 수 있는 것이다. 다른 사람을 아끼고 사랑하는 정신, 한쪽으로 치우치지 않는 넓은 사랑, 정당한 정세 판단 등이 임금이 갖추어야 할 요건이다.

일개 미신(微臣)에게도 그 대우를 소홀히 하지 않는 임금이고 보니, 공·후·백·자·남 같은 중신에 대해서는 더 말할 나위도 없다. 그러므로 천하 만국의 인심이 다 함께 열복하여 더욱 임금을 공경하니, 상하가 서로 화목하여 왕업도 안태하고 종묘의 영도 편안할 수 있다. 이것이 명왕이 선대의 왕을 섬기는 지극한 효도라 하였다.

천자가 이미 이와 같으므로 그 아래에 서는 제후도 또한 효도의 정신으로써 그 영토를 다스리며, 애경의 마음을 가지고 백성을 접한다.

환과고독이나 병든 자 같은 세민(細民)들도 감히 업신여기고 소홀히 하지 않는다. 이것이 효도를 치국의 근본정신으로 하였던 선왕들의 업적이었다.

이와 같이 세민에 대해서도 소홀히 하지 않았으니 하물 며 사민(士民)에 대해서는 말할 것도 없다. 사민을 이렇게 후대하였으니 백관 대부에 대해서랴. 그러므로 백관 대부들 도 진심으로 열복한다. 백관들이 열복하면 이번에는 그들이 또 전력을 다해 만인의 마음을 풀게 하고, 사직을 지켜 봉 사하도록 만든다. 이와 같이 효로써 나라를 다스리는 것이 그 선군·선조를 섬기는 제후의 큰 효가 되는 것이다.

천하 제후가 이미 이와 같았으므로 경대부 및 사서인(士 庶人)도 모두 이를 본받아 효로써 그 집을 다스리고, 항상 애경의 마음을 다하여 백성이나 부리는 종·첩들에게 대하 니 그들에게도 아무런 불평이나 실망이 없다. 첩에 대해서 까지 이와 같으니 친애하는 처자에 대해서랴. 이처럼 가족 모두가 한결같이 주인에게 열복하고 각자 그 맡은 바 일에 정려하므로, 집도 잘 다스려지고 명성도 나타나 가문도 융 성하게 되고, 부모도 편안히 즐길 수 있는 것이다. 이것이 경대부·사서인(士庶人)의 효도인 것이다.

이와 같이 위에는 명왕(明王)이 있고 나라에는 선제후(善 諸侯)가 있으며, 아래로는 사서인, 일반에 이르기까지 모두 가 효로써 그 어버이를 섬기므로, 살아 있는 부모는 그 자 식의 효양을 받아 아무 걱정 없이 즐겁게 생을 보내게 된 다. 그리고 죽은 후에는 춘추의 제사에 어버이들의 영혼이 기쁘게 그 제향을 받는 것이다. 생전에 그 마음이 편안했으 므로 사후의 영혼 또한 감응하기 쉬운 법이다. 이와 같이 상하를 통하여 효순의 덕이 행해지고 친애의 정이 교감하 여 사회의 공기도 평온한 것이니 사람도 화하고 신도 기뻐 한다. 그러므로 수한액려(水旱厄癘)와 같은 자연 재해도 생 기지 않고, 인사의 쟁란화란(爭亂禍亂)도 일어나지 않는 것 이다.

성치장(聖治章)

효도의 실행 방법은 많으나 아버지를 공경하는 것
보다 더 소중한 것은 없으며, 부모와 친애함으로써
사랑이 싹트는 것이다. 이에 성인의 정치는 효제(孝
悌)의 길을 근본으로 하느니라.

증자가 말하였다.

"감히 여쭈옵니다. 성인(聖人)의 덕(德)에 효(孝)보다 더한 것은 없습니까?"

공자께서 말씀하셨다.

"하늘과 땅이 낳은 것 중에서 사람이 가장 귀하고, 사람의 행실에 있어서는 효보다 큰 것이 없고, 효에 있어서는 아버지를 존경하는 것보다 큰 것이 없으며, 아버지를 존경하는 데 있어서는 하늘에 짝짓는 것보다 큰 것이 없느니라. 이것을 모두 갖춘 이는 바로 주공(周公)이었느니라.

옛날에 주공께서 남쪽 들에 나가 후직(后稷)에 제사 지내서 하늘과 같이 하셨고, 문왕(文王)을 명당(明堂)에 제사지내서 상제(上帝)와 같이 하셨느니라. 이런 까닭에 사해 안의 사람들은 모두 제 직무를 다하고 제사지내기에 조력하였느니라. 성인의 덕에 어찌 이 효보다 더한 것이 있으리요. 본시 친애(親愛)의 정은 부모 무릎 아래서 자랄 때 생겨나며, 부모를 봉양하되 날로 엄하게 하는 것이니라. 성인들이 이 존엄을 근거로 하여 공경을 가르치고, 친애를 근거로 하여 사랑을 가르치는 것이니라. 이로써 성인의 가르침은 엄격하지 않더라도 이루어

지며, 그 정치는 엄격하지 않더라도 다스려지는 것이니,
그들이 근거로 삼는 것이 바로 근본이기 때문이니라."

原文 曾子曰 敢問聖人之德이 亡以加於孝乎이까 子曰 天
地之性이 人爲貴요 人之行이 莫大於孝하고 孝莫大於嚴父하
고 嚴父莫大於配天이라 則周公其人也라 昔者周公郊祀后稷
하여 以配天하고 宗祀文王於明堂하여 以配上帝라 是以四海
之內各以其職來助祭하니 夫聖人之德에 又何以加於孝乎리
요 是故로 親生毓之하고 以養父母日嚴이라 聖人因嚴以敎敬
하고 因親以敎愛하니 聖人之敎이 不肅而成이며 其政不嚴而
治하니 其所因者本也니라

註 **감문**(敢問) 감히 묻건대. **가어효호**(加於孝乎) 효 외에 달리 덕
행을 더할 필요는 없겠느냐는 뜻이다. **천지지성**(天地之性) 천지
간에 있어서 생이 있는 모든 것을 말하는 것이므로 만물이라고
해석해도 좋다. **엄**(嚴) 준엄하다는 뜻이 아니고 공경한다는 뜻.
경(敬)과 같다. **배천**(配天) 덕이 광대하여 하늘과 짝지을 만하
다는 뜻이다. 왕자(王者)가 하늘을 제사지낼 때에는 그의 조상
을 같이 제사지내는데, 이것은 하늘과 아버지를 동일시하여 하
늘을 높이는 것같이 아버지를 높이기 때문이다. **주공**(周公) 중
국 주나라의 정치가로 문왕의 아들이며 무왕의 아우다. 이름은
단(旦). 무왕을 도와 은(殷)나라를 멸망시키고, 무왕이 죽자 조
카인 성왕(成王)을 도와 주 왕실의 기초를 튼튼히 하였다. 공자
가 숭배한 사람. **교사**(郊祀) 천지에 대한 제사. 동지에는 남교
(南郊)에서 하늘을 제사지내고, 하지에는 북교(北郊)에서 땅을
제사지냈다. 교(郊)는 본국과 멀리 떨어진 땅으로, 중국에서는
왕성 100리 안을 향(鄕)이라 칭하고 향의 밖 100리를 수(遂)라
하며, 그보다 밖을 교(郊)라 칭한다. 사(祀)는 제사지내는 것.
종사(宗祀) 종(宗)은 존중하는 것이니, 즉 높이 받들어 제사지내
는 것을 말한다. **명당**(明堂) 썩 좋은 묏자리. 여기서는 천자가

90

제후를 인견하는 궁전, 혹은 천자가 정사를 보는 궁전을 말하는 것이다. **상제**(上帝) 하늘. 천제(天帝). **사해지내**(四海之內) 온 천하. **이기직**(以其職) 각자가 신분에 알맞는 공물이나 혹은 기술을 바치는 것. **조제**(助祭) 제사를 돕는 것. **생육**(生毓) 낳아 기르다. 육(毓)은 육(育)과 같은 글자. **엄**(嚴) 사람이 유약(幼弱)할 때에는 친애할 줄 알지만 존경할 줄은 모르기 때문에 나날이 성장함에 따라 존엄성을 가르쳐서 존경하는 마음을 기르게 하여야 한다. 타일러 주의시키는 것. **본**(本) 근본. 진체(眞諦)나 진리로 보아도 좋다.

解義 증자는 성인(聖人)의 덕 중에 효(孝)보다 더 큰 것은 없느냐고 물었다.

공자가 대답하기를, "천지 간에 성장하는 만물은 천지의 기운을 받아 형태가 이루어지고, 또 그 성(性)을 받고서야 태어나는 것이다. 그 수많은 만물 중에서도 인류는 가장 뛰어나며 또 가장 귀한 것을 가지고 있다."고 하였다.

그것은 사람의 성(性)인 지선(至善)이 그렇게 만드는 것이다. 그 선성(善性)이 행위로 나타난 것 중에 효보다 더 큰 덕은 없다. 이것은 효가 모든 덕의 근본이기 때문이다.

공자는 사람이 지니고 있는 모든 덕을 칭하여 인(仁)이라고 말하고 있다. 그 인은 사랑을 주로 하는 것이다. 사랑의 극치는 인이다. 어버이를 사랑하는 것은 자연스러운 것이며, 또 그 사랑이 모든 사랑 중에서 제일이므로 어버이를 애경하는 효도가 덕의 근원인 것이다. 그러기에 사람은 스스로 만물보다도 귀한 것을 가지고 있음을 자각하고, 그럼으로써 비로소 그 존귀한 덕성을 수양할 수 있는 것이다.

효도의 실행 방법은 극히 많지만, 그 중에서도 아버지를 공경하는 것보다 더 소중한 것은 없다. 엄(嚴)은 존엄(尊嚴)하다는 뜻으로, 존엄한 분으로서 아버지를 존경해야 한다.

아버지를 존엄하게 생각하는 길도 여러 가지가 있으나, 자기 아버지로 하여금 천제와 짝지어 제사한다는 점에 있어서는 그 이상의 효가 없다. 하늘은 크다는 점, 존귀하다는 점만으로도 다른 효와 비유할 만한 것은 없다. 그 하늘에다가 자기 아버지를 짝지어 제사지낸다는 것은 아버지를 공경하는 것의 극치인 것이다

엄부배천(嚴父配天)은 곧 그 아들이 천하통일 국가의 창업주〔天子〕가 되어 그 지위에 오르면, 그의 아버지는 천자의 아버지가 됨은 말할 것도 없다. 천자의 아버지가 되었으므로 이는 어버이를 공경하는 효의 극치인 것이다. 맹자도 "위천자지부 존지지야(爲天子之父 尊之至也)"라고 하였다. 천자의 아버지가 되어 비로소 천제와 짝지어 제사받을 자격을 얻게 되는 것이다. 이것이 이름을 높여 부모를 나타내는 극치이며, 어버이를 존중하는 최대의 것이므로 곧 효의 극치가 되는 것이다. 이러한 지효(至孝)를 실행한 이가 주공이다.

주공은 그 시조 후직(后稷)을 존경하여 하늘에 짝지어 교(郊)의 제사 때 함께 제사지냈다. 또 주나라 창업주인 문왕을 상제와 짝지어 명당에서 종묘의 대제를 거행했을 때 함께 제사지냈다.

이와 같이 그 부조(父祖)에 대한 주공의 효도가 극진했기 때문에, 그 덕화(德化)가 사해에 미쳐 천하의 제후들이 다투어 찾아와서 그 직분에 응하여 제사를 도왔던 것이다. 이렇게 주공의 성덕이 만천하를 감동시킨 것도 결국 효덕에 의한 것임을 볼 때 효덕보다 큰 덕은 없는 것이다.

그렇다면 성인이 효로써 사람을 가르치는 절차는 어떠한가. 효도란 억지로 시키는 것이 아니다. 요컨대 사람들 스스로가 내 몸에 효를 가지고 있다는 자각을 가져야 하는 것

이다. 어려서 어버이 슬하에서 젖을 먹으며 놀고 장난하고
있을 때부터 이미 어버이를 그리는 친애의 정은 싹트고 있
었다. 그러나 그때는 단지 어버이를 친애할 뿐 존엄의 관념
은 없으나 점차 나이 먹어감에 따라 그곳에 명확한 존비(尊
卑)의 구분이 있음을 느끼고 자연히 부모를 두려워하여 공
경하는 마음도 발생하게 되는 것이다.

이것은 모두가 천수(天受)의 성으로, 본래부터 고유(固有)
한 것이다. 그러므로 성인이 가르침을 세우는 것도 그 없는
바를 굳이 시키는 것은 아니다. 경모하는 마음이 있기 때문
에 여기에 사랑을 가르치고, 소중히 하는 마음이 있기 때문
에 여기에 공경심을 가르치고 어버이에 대한 애경의 마음
을 기르는 것이다.

이와 같이 성인의 가르침은 인간의 천부의 선성(善性)에
근원을 두고 세워진 것이므로 숙정(肅正)의 수단을 가하지
않아도 되는 것이다. 성인의 정치는 효제(孝悌)의 길에 근
원을 두고 행하는 것이므로 이 또한 결국은 인간 외부의
힘을 기다리는 것은 아니고, 천수의 선성이 해와 함께 자연
히 발달하는 소질이 있는 데에 근거를 두고 있기 때문이다.

參考 공자가 말하는 성인이란 요·순·우·탕·문·무 등의
국왕을 가리킨다. 태고의 중국에는 국왕이 세습되는 것이
아니었다. 일반 백성의 존경 갈앙(渴仰)의 중심이 될 만한
덕행과 인망을 겸비한 원만·무애한 인격자가 왕이 되었던
것이다.

이 성인들이 그 재위시에 어떠한 정치를 펴나갔기에 공
자도 그들을 성인으로 받드는 것일까.

공자는 일찍이 선정(善政)의 행함에 대한 자장(子張)의
물음에, 다섯 가지 미덕을 받들어 행하고 네 가지 악덕을

버리는 것이라고 일러주었다.

다섯 가지 미덕 중에서 백성의 이로운 바에 좇아서 이로움을 행하는 것이 그 첫째다. 꼭 백성들에게 수고를 시킬 만한 가치가 있을 때에만 일을 시킨다. 그래야만 원망을 사지 않는 것이니, 이것이 둘째이다. 진실로 인(仁)을 베풀고자 하는 마음에 인자함을 베푼다. 그래야만 탐욕을 내지 않는 것이니, 이것이 셋째다. 군자는 그 수효가 많거나 적거나를 가리지 않고 감히 소홀하게 다루는 법이 없어야 한다. 이것은 태연하되 교만하지 않는다는 것이니, 그 넷째다. 의관을 단정히 하고 바라보는 눈매를 엄숙히 가지니, 이것이 다섯째로서 위엄이 있되 사납지 않다는 결과를 가져오는 것이다.

그리고 선정을 저해하는 네 가지 악덕은, 첫째 백성을 교화시키지 않고 엄한 벌로 다스리는 것, 둘째 미리 경계하지 않고서 일의 결과만을 보고 따지는 것. 셋째 명령을 소홀히 하고서도 일의 완성을 독촉하는 것, 넷째 마땅히 내주어야 할 것을 내놓기에 인색한 것이다.

이렇게 위대한 선정을 할 수 있는 옛 성인의 경우에는 효덕 외에도 다른 덕을 갖추고 있었을 것으로 생각되는데, 어떤 것이냐고 증자가 물었다.

이때의 공자의 대답이 이 성치장이다.

천지 만물 중에서 가장 귀한 것이 사람이다. 그리고 사람의 행실 중에서 가장 큰 것이 효도다. 모든 덕은 효에서 생기는 것이므로 어떠한 성인이라 할지라도 효 이상의 덕행을 가지고 있을 리 없다고 하였다.

그런데 효라는 것은 이렇게 덕의 근본을 이루는 것인데도, 실행하기에 크게 어려울 것이 없는 것이라고 공자는 말하였다. 이는 아버지를 진심으로 공경하면 효가 되는 것이기 때문이라고 하였다.

아버지를 공경하는 최상의 일은 아버지를 하늘에다 짝짓게 하는 일이다. 하늘에 짝짓는다는 것은 하늘과 동일시한다는 뜻이다. 그 아버지를 최대의 신으로 믿고 공경하는 것이 곧 배천(配天)이다. 주나라 시대의 성인 중에 주공(周公)이라는 분이 있었다. 이 주공이 자기의 먼 선조인 후직(后稷)이라는 분을 신으로서 제사하고 또 부왕인 문왕까지도 신으로서 제사지냈던 것이다. 그리고 부조(父祖)를 위하여 성대한 제례를 행한다는 소문이 한번 원근에 퍼져나가자, 사해의 국왕이나 중신들은 물론이려니와 일반 서민에 이르기까지 모두가 달려와서 응분의 힘을 제공하여 숭조(崇祖)하는 제례를 성대하게 하였다. 주공 같은 성인이 그토록 지극히 하는 것을 보더라도 효라는 것이 얼마나 위대한 것인가를 알 수 있다.

여기서 우리가 명심해야 할 것은 인간은 태어날 때부터 어버이를 따르기는 하지만, 존경이란 후천적인 것이며 교육의 힘으로 조성시켜야 하는 것이라는 점이다. 그러므로 사람이 성장함에 따라 부모를 공경해야 함을 반드시 가르쳐야만 하는 것이다.

성인은 첫째 아버지를 공경하는 것을, 다음으로 부모와 친숙하는 경애, 즉 사랑이라는 것을 가르쳤던 것이다.

성인은 사랑과 공경으로써 마음속으로 서로 화목하도록 가르치는 것이므로, 그 가르침은 평이한 것이어서 별로 기이해 할 것도 없다. 그러므로 특히 훈계를 하지 않더라도 온 백성들이 그 가르침에 공명하여 실행하므로, 정령을 엄히 하지 않더라도 자연히 천하는 안정되고 소란이나 불평도 없이 평온하고 행복해지는 것이다.

부모생적장(父母生績章)

　부모를 섬기되 힘을 다하고, 임금을 섬기되 몸을
바쳐 충성을 다하라. 자식된 자는 집에 들어가면 부
모에게 효도하고, 밖에 나가면 모든 일을 삼가며, 남
에게 믿음을 주고 모든 사람을 널리 사랑하되, 특히
어진 이를 가까이하고, 그러고도 남음이 있으면 글을
배우라.

공자께서 말씀하셨다.

"부자(父子)의 도(道)는 천성(天性)의 것이요, 군신
(君臣)의 의리이니라. 어버이가 나를 낳으셨으니 대를
잇는 것이 이보다 더 큰 것이 없고, 군친(君親)으로써
나라를 다스리시니 은혜의 두터움이 이보다 더 중한 것
이 없느니라."

原文 子曰 父子之道는 天性也요 君臣之誼也라 父母生之하
니 續莫大焉이라 君親臨之하니 厚莫重焉이라

註 **부자지도**(父子之道) 어버이는 자식을 사랑하고 자식은 어버이를
경애하는 것. **천성**(天性) 타고난 성질. **군신지의**(君臣之誼) 군
신 간의 의리(義理). 의리는 군신 간의 도덕을 말하는 것. **적**
(續) 실을 뽑는 것. 여기서는 자손을 끊지 않고 대를 잇는 것을
말한다. 또 일설에는 아들을 낳아 자손을 잇는 것을 인류에 대
한 공적이라고 풀이하는 수도 있으나, 역시 잇는 것으로 해설하
는 편이 타당하다고 본다. **군친**(君親) 군주의 존엄과 어버이로
서의 친애함.

解義 공자가 말하기를, "부자 간에 친애하는 정이 있는 것
은 하늘에게서 받은 성(性)으로, 자연의 성심에서 나온 것
이다. 그것에 더하여 아버지를 두려워하고 공경하는 관념도

해를 더함에 따라 발생한다."

이 애경의 심정을 군신 관계로 옮기면 의가 된다.

부모는 자식을 낳아 기른다. 사람이 태어나서 대를 잇는 것같이 중대한 것은 없는 것이다.

《역경(易經)》에 말하기를, "가인(家人)에도 엄군(嚴君)이 있도다. 이는 부모를 말함이다."고 한 것은 이를 두고 말한 것이다. 대개 가족이란 부모를 중심으로 하는 혈족 단체다. 이 가족의 영원한 생명은 종족 보존에서 연유하여 계속되는 것이므로 자손을 잇는 것이 효의 대의인 것이다. 맹자는 말하기를, "불효에는 세 가지가 있는데 후사가 없음을 그 가장 큰 것으로 한다."고 하였으니, 후사가 없음을 불행의 가장 큰 것으로 삼았다.

어버이의 자식에 대한 관계는 군주를 대함과 같은 존엄성이 있으며, 동시에 또 어버이로서의 친애함이 있는 것이다. 곧 임금의 엄(嚴)과 어버이의 사랑을 겸하고 있는 것이 아버지의 은혜다. 그 은혜에 의하여 사람이 이 사회에서 편히 생활할 수가 있다고 한다면 그 은혜의 두텁고 큼은 다른 것에 비할 수 없다. 그 부모 자식 간의 관계가 일체의 인류 관계의 근간을 이루고 있는 것이다. 그렇기 때문에 자식된 자가 그 은혜에 대하여 사랑하고 존경하는 것은 자연에서 나온 진리인 것이다.

參考 공자는 어버이의 자식에 대한 사랑과 자식의 어버이에 대한 정, 이는 가르쳐 주지 않더라도 하늘에서 내려준 자연의 마음이라고 하였다.

아무리 극악무도한 인간일지라도 어버이와 자식 간의 정에는 눈물을 흘리는 법이다. 학문을 모르는 짐승이라 할지라도, 어미와 자식 간의 도는 본능적으로 감득(感得)하게

마련이다. 인간이 성장하면서 중도에 부모에게 불효하는 것
은 불순한 욕망이 천수의 마음을 흐리게 하였기 때문이다.
그러나 그 욕망을 말끔히 씻어 없애면 역시 하늘에서 받은
효도로 다시 되돌아가게 되는 것은 물론이다.

　이와 같이 공자께서는 부자지도는 천성인 것이며 타고날
때부터 지니고 나온 것이라고 단정지어 말하였다. 그러나
석가모니의 말씀은 다르다. 태어날 때부터 효자될 아이와
불효자될 아이는 정해져 있다고 하였다. 《불설부모은중경
(佛說父母恩重經)》에서 부처님은, "어머니가 아이를 밴 지 열
달이 되면 아이가 태어난다. 이 아이가 효성스럽고 순한 자
식일 때는 주먹으로 제 몸을 받치고 손바닥을 마주잡고서
나온다. 그래서 어머니의 몸을 조금도 상하지 않게 한다. 그
러나 아이가 만일 다섯 가지 거스르는 일을 저지를 아이일
때는 어머니의 포태를 찢어놓고, 손으로 어머니의 염통과
간을 움켜잡고, 또 발로 어머니의 엉덩이뼈를 밟아, 마치 천
개나 되는 칼을 휘둘러 어머니 뱃속을 에는 것같이 하고,
또 만 개나 되는 송곳으로 가슴을 쑤시는 것같이 한다. 이
렇듯 어머니를 고통스럽게 해주고……"라고 하며 그런 아
이는 5역죄를 범할 수도 있는 아이라고 설파하였다.

　군신지의(君臣之誼)는 군신지의(君臣之義)나 마찬가지다.
군주를 섬기는 것은 성장한 후의 일이므로, 군신 간의 정은
천성이 아니다. 군신 간의 관계를 부자관계라고 풀이하지만
부자와 같이 자연스런 애정이 솟아나는 것은 아니다. 어디
까지나 의(義)인 것이다. 자기의 책임을 다하는, 진지하게
주인을 위하여 자기의 본분을 다하는 점이 의(誼)다. 의는
곧 성실이다. 부자의 도와 비교하면 천성인 것과 천성이 아
닌 것의 차이가 있다. 그러나 의를 위해서는 생명을 던지는
각오를 갖는 것이 인간의 특성이다.

효는 인간으로서 이 세상에 생존하는 이상 하루도 잊어
서는 안되는 고귀한 의무다. 가정 안에서는 효라고 말하지
만, 효심을 남에게 대하여 사용할 때는 의로 바뀌는 것이
다. 그렇게 볼 때 효와 의의 차이는 결국 없는 셈이다.

부모가 자식을 낳아 가계를 잇는다고 한 것은 자손이 끊
어지지 않게 하라는 것, 즉 자기 가계를 길이 친지 간에 존
속시키라는 것이다. 이것 또한 조상에 대한 보은(報恩) 중
에서 가장 큰 것 중의 하나다.

자기를 향한 부모의 마음은 이 세상에서 가장 인자한 것
이며, 가장 애정이 깊은 것임을 알아야만 한다.

그러나 세상에는 이 중은(重恩)을 깨닫지 못하고 어버이
에 대한 불평을 입 밖에 내면서도 사소한 자비를 받기 위하
여 남에게 아첨하는 무분별한 자가 많다.

무엇보다 자기를 길러준 어버이의 고생을 돌아보라.

회태(懷胎)한 후 10개월 동안의 신고·산고와 양육의 은
혜, 입에 쓴 음식은 자신이 삼키고 단 음식은 자식에게 먹
여주는 은혜, 집을 잠시만 떠나도 생각하고 염려하는 은혜
는 다른 어떤 은혜와도 비교할 수조차 없는 가장 고귀한
것이다.

이 세상에는 풍요한 집안에 태어나서 부모의 많은 유산
까지 받는 사람도 있다. 또 그 반대로 가난한 가정에 태어
나서 충분히 교육도 받지 못하고 어릴 때부터 공장이나 남
의 집에서 일하지 않으면 안되는 사람들도 많다. 또 그런
심한 경우가 아니더라도 풍족하지 못한 가정 내에서 날마
다 불안하고 어두운 생각을 계속하는 사람도 있다. 그러한
사람들의 마음은 거칠어져 어버이에 대하여 은혜를 느끼지
못할 뿐 아니라, 이 세상에 태어난 것을 원망하기조차 하는
사람들도 있는 것이다.

그러나 달리 생각해 보면 대를 잇는다는 것은 조상에 대한 막중한 효도다. 그렇기 때문에 남녀가 부부로서 짝이 되는 것은 천성이며 인륜이다. 그리고 가난한 집안에서 자식을 기르는 어버이의 고통을 뒤돌아보고 조용히 생각할 때, 아무리 패륜의 자식일지라도 일말의 감개가 없을 수 있겠는가.

인간인 이상 부잣집 아이들이 아무런 어려움 없이 살고 있는 것을 보면, 가난한 부모로서는 자식의 불행에 단장(斷腸)의 쓰라림을 맛보게 될 것이다. 어서 자라 남들처럼 돈을 벌어 잘 살게 되면, 자식이 낳은 손자나마 잘 길러볼 수 있으리라는 생각을 갖게 되는 것이다.

세상의 그 무엇보다도 부모와 임금에 대한 정만큼 두텁고 무거운 것은 없다고 하였다. 그러나 부모 중에도 예외는 있고, 군주나 고용주 중에도 경박하고 무정한 사람은 있게 마련이다. 그러한 사람들에게는 부모에 대한 효도를 가르쳐 줄 필요가 있다. 그러나 함부로 남에게 불효를 따질 수도 없다. 그만큼 남에 대한 충고란 어려운 점이 있기 때문에 깊이 생각하여 충고하는 방법을 택해야 할 것이다.

그러므로 군주나 고용주가 신하나 고용인에게 효도의 본보기를 보여야만 아랫사람도 감화를 받게 되고, 자신도 공경을 받게 되는 것이다.

근래 들어 인정은 더욱 각박해져 가고 있다. 그것은 경제 발전에 따라 사회 조직상에 여러 가지 모순도 생기게 되고, 서양 문명이 가져오는 폐단도 있기 때문이다.

그러나 효도로써 각자 자기 몸을 닦는다는 근본 정신만 잃지 않는다면 사회풍조의 정화도 어려운 일만은 아니다.

효우열장(孝優劣章)

내 부모를 공경하지 않으면서 남을 공경하고, 내 부모를 사랑하지 않으면서 남을 사랑하는 자를 패덕자·패례자라고 하는 것이니라.

　공자께서 말씀하셨다.

　"그 어버이를 사랑하지 않으면서 다른 사람을 사랑하는 자는 덕(德)에 어긋난 것이라 하고, 그 어버이를 공경하지 않으면서 다른 사람을 공경하는 자는 예(禮)에 어긋난 것이라 하느니라. 도(道)를 따라야 할 터인데도 법도에 어긋나는 행실을 한다면 백성들은 본받을 곳이 없게 될 것이며, 선한 데 마음을 두지 않고 악한 데 마음을 두게 될 것이니라. 비록 그가 뜻을 이루었다 할지라도 군자는 귀하게 여기지 않을 것이니라. 군자는 그러하지 않느니라. 말할 때에는 도에 합당한 것인가를 먼저 생각해 보고, 행할 때에는 즐거운 것인가를 먼저 생각해 보느니라. 그 덕과 의는 존경할 만한 것이 되게 하고, 일을 함에 있어서는 법도가 될 만하게 하며, 용모와 차림새는 다른 사람이 볼 만하게 하고, 행실은 다른 사람의 모범이 될 만하게 하며, 그로써 백성들을 대하느니라. 그리하여 백성들은 그를 존경하며 사랑하고, 법도로 삼으며 본받게 되느니라. 그러므로 능히 그 덕에 의한 교화(敎化)를 이루게 되고, 그의 정령(政令)을 행할 수 있게 되느니라. 시(詩)에 이르기를, '훌륭한 군자는 그 위의(威儀)가 법도에 어긋나지 않는 것이다.' 하였느니라."

原文 子曰 不愛其親而愛他人者는 謂之悖德이요 不敬其親
而敬他人者는 謂之悖禮이라 以訓則昏이면 民亡則焉이요 不
宅於善하고 而皆在於凶德이라 雖得志君子·弗從也라 君子則
不然이니 言思可道하고 行思可樂이라 德誼可尊하고 作事可
法이며 容止可觀하고 進退可度라 以臨其民이면 是以其民이
畏而愛之하고 則而象之라 故로 能成其德敎하여 而行其政令
이라 詩云 淑人君子여 其儀不忒이라 하니라

註 **패덕**(悖德) 패는 역(逆)과 통하니, 덕에 거스르는 것, 부덕(不德)
한 것. **패례**(悖禮) 예의에 어긋나고 어그러짐. 패덕·패례는 둘
다 하늘의 이치에 배반되는 행위이다. **훈**(訓) 교(敎)와 같은
뜻. **혼**(昏) 암흑이라고 풀이되며 혼란이라고도 한다. 악덕으로
써 남을 가르치면 천하는 어지럽고 세상이 어두워진다는 것.
칙(則) 본받는 것. 나쁜 짓으로써 가르칠 경우 마음 있는 국민
은 그 가르침을 믿지 않으며 결코 본받지 않는다. **택**(宅) 있음
과 같다. 선(善)에 거(居)하지 않는다는 것은 선을 기초로 하고
있지 않다는 뜻. **흉덕**(凶德) 흉은 성질이 포악하고 모진 것. 따
라서 패덕과 같은 말이다. **득지**(得志) 뜻을 얻다. 입신출세하는
것. 또는 뜻대로 되는 것을 말한다. **군자**(君子) 심성(心性)이 어
질고 덕행이 높은 사람. 즉 남의 사표가 될 만한 사람. **불종**(弗
從) 불(弗)은 불(不)보다 뜻이 강하다. 따르지 않는 것. 귀하게
여기지 않는 것. **도**(道) 덕행. 효(孝)·제(悌)·충(忠)·신(信)·
인(仁)·의(義)·예(禮) 등 모든 덕을 가리킨 말이다. **덕의**(德誼)
도덕상의 의무. 사람이 행해야 할 바른 도리를 말하는 것. **작사**
(作事) 일을 만드는 것. 여기서는 자기의 행동. **가법**(可法) 바른
길에 알맞도록 노력하는 것. **용지**(容止) 용자(容姿)와 같은 뜻
으로 용모와 자태를 말한다. **가관**(可觀) 언행이 꼴답지 않아
비웃는 말. 여기서는 남이 훌륭하게 보는 것. **진퇴**(進退) 나아

감과 물러섬. 동작과 행동. **가도**(可度) 법도에 알맞다. 여기서는
빈틈없이 예법에 적합하여 조금도 어지럽게 하지 않는 것을 말
한다. **상지**(象之) 모습을 본받는다. **덕교**(德敎) 착하고 훌륭한
길로 인도하는 교훈. **숙인**(淑人) 여기서는 착한 사람. 송나라에
서 상서(尙書) 이상의 벼슬아치의 부인에게 주던 칭호. 이조 때
정3품의 당상관 및 종3품의 종친 문무관의 부인의 품계. **의**(儀)
의례(儀禮). **불특**(不忒) 틀리게 하지 않는다.

解義 부모와 자식의 관계는 모든 인륜 관계의 근간을 이루
는 것이다. 그렇기 때문에 자식된 자가 그 은의에 대하여
이를 공경하고 사랑하는 것은 인정의 자연인 것이다. 그러
한 어버이를 사랑하는 정을 연장시켜 남을 사랑하는 것이
자연의 도리이며, 그것이 순덕(順德)이다. 어버이를 공경하
는 마음을 연장시켜 남을 공경하는 것 또한 당연한 순서이
며, 그것이 순례(順禮)다.

이에 반하여 내 어버이를 충분히 애경하지도 못하는 주
제에 남을 먼저 애경하는 것과 같은 것은 근본을 버리고
지엽(枝葉)으로 달리는 것인데, 이것을 곧 패덕·패례라고
하는 것이다. 마치 물이 일원(一源)에서 천조만파(千條萬派)
가 생겨나고, 나무가 일근(一根)에서 천지만엽(千枝萬葉)이
생겨나듯이, 근원이 있고서야 흐름이 있으며 뿌리가 있고서
야 지엽이 있는 것이다.

자신의 잘난 것만 알고 양친을 몰라보면 그 집안의 말로
는 뻔한 것이고, 머지않아 그 집안은 망한다고 단언해도 과
언이 아닌 것이다. 만일 이와 같다면 장유의 순서가 어지럽
게 되고 인간으로서의 아름다운 감정이 파괴된다. 이러한
패덕·패례자가 아무리 타인을 존경한다 하더라도 사회를
이롭게 할 수는 없으니, 그러한 행실이 천하에 충만하고 보
면 세상은 암흑이 된다. 마음 있는 사람은 그러한 나쁜 본

보기를 따라서는 절대로 안된다.

착한 일을 하지 않고 도에 벗어난 행위를 하여 설사 입신출세를 해본들, 자기밖에 모르는 아집이 강한 인간이라면 몰라도, 마음이 바른 인간으로서는 조금도 만족스럽지 않을 것이다.

군자라고 일컬어지는 바른 인간은 도에 어긋나는 일은 생각지도 않으며, 또한 상대방이나 자신에게 불유쾌한 원인이 될 일은 조금도 하지 않는다.

덕의를 존중하고 법에 어긋난 일을 행하지 않기 때문에 하늘을 우러러보나 세상을 굽어보나 양심에 부끄러움이 없는 것이다.

설사 물질적으로는 많은 곤란을 받고 있다 할지라도 마음속은 여유작작하다. 부귀로도 마음을 어지럽힐 수 없으므로, 바른길을 걷는 사람은 아무리 가난하더라도 결코 그 지조를 꺾지 않는 것이다. 그러한 고결한 마음은 반드시 밖으로 나타나 용자(容姿)의 진퇴가 명랑하고 그 위에 위의(威義)를 겸비하여 이에 접하면 자연히 머리가 수그러지는 것이다.

그러한 인격자가 정치를 행할 경우에 일반 백성들은 그를 존경하고 신뢰하여 따르게 되고, 그 행실을 본받는 것을 명예롭게 생각하게 될 것이다. 그렇게 되면 세상은 안정되고 정치는 바르게 행해져 참으로 이상적인 국가가 출현하게 될 것이다. 그러므로 《시경》에 이르기를, "성인 군자는 그 의례 범절을 틀리게 하는 법이 없다."고 한 것이다.

参考 공자는 자기 부모를 사랑하지 않고 남을 사랑하거나 존경하는 자를 패덕자·패례자로 규정했다. 현재 우리 주위에도 종종 이러한 패덕·패례자를 볼 수 있다.

흔히 큰 은혜는 잊기 쉬운 것이다. 저 하늘이나 태양의 은혜, 또는 대지(大地)의 은혜나 어버이의 은혜는 너무 커서 잊기 쉽고, 너무 크기 때문에 자칫하면 깨닫지 못하고 잘못을 범하는 수가 있다.

그러므로 일찍이 공자는 다음과 같은 말을 하였다.

"하늘이 무엇을 말씀하시더냐? 그러나 사시(四時)는 운행되며 만물은 생겨나느니라."

이와 같이 큰 존재는 절대적인 은혜를 베풀면서도 자랑하는 법이 없다.

인간은 참으로 간사한 것이다. 큰 은혜는 조금도 깨닫지 못하면서도 남에게서 조그마한 호의를 입으면 그것을 큰 은혜로 착각하는 것이다.

그것이 나쁘다는 것은 결코 아니다. 단지 자기를 낳아서 길러준 부모에 대한 커다란 은혜는 당연한 것으로 생각하면서, 타인에게서 받은 조그마한 은혜는 몸둘 바를 몰라하며 고마워하는 야비한 근성을 탓하는 것이다.

석가모니도 다음과 같은 말로 불효자들을 나무라고 있다.

"내가 중생을 보니 비록 사람의 모양은 이루었으나 마음과 행동은 어리석고 어두워서 그 아버지와 어머니의 큰 은혜와 덕이 있는 줄은 알지 못하고, 공경하는 마음을 갖지 않으며, 부모의 은혜를 버리고 덕을 배반하며, 어질고 사랑하는 마음이 없어서 효도하지 않고 의리가 없느니라."

대성인도 이와 같이 많은 사람들이 사람의 탈을 쓰고 있으나 부모에게 효도하지 않고 우의가 없다고 말하였다.

공자는 이러한 패덕·패례자가 존재하는 것은 나라의 지도자에게 책임이 있다고 단정하였다. 나라의 지도자의 본보기가 나쁘면 나라가 혼란해져서 암흑 세계로 바뀐다고 훈계하였다. 곧 위정자가 정치하는 바탕을 선에 두지 않는 한 백성을 선도하기는 매우 어려운 일이라고 하였다. 게다가 성인 군자는 그런 위정자에게는 협조하지 않는다고 하였으니 성인 군자란 그 마음을 부귀로도 돌릴 수 없는 것이며, 빈천하더라도 지조를 바꾸지 않기 때문이다.

그러므로 위에 서는 사람은 그 일거수 일투족이 조심스러워야 하는 것이다. 정부의 장관이나 차관이 부정한 일을 저질러서 교도소에 수용되거나 비난의 초점이 된다든가, 종교가가 법을 범하고 교육자가 교육자임을 자각하지 못하여 추행을 저지른다면, 국민은 동요하게 되고 상서롭지 못한 일을 생각하게 되거나 불평을 넘어서서 정부를 신뢰하지 않게 되는 것이다.

《효경》의 내용 대부분이 서민을 가르치는 것보다 오히려 지배 계급의 사람들이 지켜야 할 일을 가르치는 데 주력한 것은, 세상사가 잘되고 못되는 것이 위정자에게 달려 있음을 꿰뚫고 있기 때문이다.

천자희언(天子戱言)이란 말이 있지 않은가. 곧 천자는 실없는 말을 하지 않는다는 뜻이니, 말한 것은 반드시 실행해야 하는 것이다.

천자만이 아니다. 군자 역시 그러하다. 그 하는 말이 도(道)에 옳은 것인가 옳지 않은 것인가를 생각하고, 상대방이나 자신이 그것으로 인하여 불쾌한 결과가 생기지나 않을까 미리 생각해 보고 말해야 한다.

말뿐만 아니라 행동도 그러하다. 도덕상의 의무를 완수하자면 도에 비추어서 자신의 행동을 해야 하는 것이다.

그러므로 공자는 언사가도(言思可道)에 대하여 다음과 같이 말한 적이 있다.

"군자는 배부르게 먹을 것을 바라지 않고, 편안하게 기거하는 것을 구하지 않으며, 모든 일에 민첩하며, 말을 삼가고

도를 취하여 바르게 나아가야만 학문을 좋아한다고 할 수 있느니라."

또 행사가락(行事可樂)에 대해서도 다음과 같은 말을 하였다.

"군자는 무겁지 않으면 위엄이 없고, 학문도 견고하지 않게 된다. 그리고 충성과 신용을 주로 삼되, 나보다 못한 사람을 사귀지 말 것이며, 또 자신에게 허물이 있거든 고치기를 꺼려하지 말라."

그리고 또한 중요한 일은 용자(容姿) 문제인데, 다른 사람 앞에서 보기에 불쾌하지 않을 정도로 용자를 정제(整齊)하는 것은 결코 사치가 아니다.

이와 같이 그 진퇴를 예법대로 한다면 어느 백성이 그 관리를 따르지 않겠으며, 존경하지 않겠는가. 나아가서 그 관리는 국가의 통치자를 욕되게 하지 않고 칭송받게 하는 것이니 어찌 애국자라 아니할 수 있겠는가.

기효행장(紀孝行章)

　　효자의 어버이 섬김은 기거하심에는 그 공경을 다
하고, 봉양함에는 즐거움을 다하며, 병드신 때에는
근심을 다하고, 돌아가신 때에는 슬픔을 다하며, 제
사지낼 때에는 엄숙함을 다한다. 교만·분란·다툼은
망(亡)과 형(刑)이 되는 것이니, 날마다 고기로써 봉
양한다 해도 불효가 되느니라.

공자께서 말씀하셨다.

"효자로서 어버이를 섬김에 있어서 부모 슬하에 있을 때에는 그 공경하는 마음을 다하고, 봉양할 때에 있어서는 어버이가 즐거움을 다하도록 하며, 어버이가 병이 나셨을 때에는 그 근심을 다하도록 하고, 또 어버이가 돌아가시면 그 슬픔을 다하며, 제사지낼 때에는 그 엄숙한 마음을 다해야 하느니라. 이 다섯 가지가 갖추어진 연후에야 능히 그 어버이를 제대로 섬긴 것이니라. 어버이를 섬기는 자는 윗자리에 있어도 교만하지 않으며, 아랫자리에 있어도 어지럽히지 않으며, 많은 사람 중에 있어도 다투지 아니하는 법이니라. 윗자리에 있으면서 교만하면 곧 망할 것이요, 아랫자리에 있으면서 어지럽히면 형벌을 받을 것이요, 많은 사람 중에 있으면서 다투면 상처를 입을 것이니라. 이 세 가지 일을 없애지 않으면 비록 날마다 소·양·돼지의 고기로써 봉양한다 하더라도 오히려 불효가 될 것이니라."

原文 子曰 孝子之事親也에 居則致其敬하고 養則致其樂하고 疾則致其憂하고 喪則致其哀하고 祭則致其嚴이라 五者備矣이면 然後能事其親이라 事親者居上不驕하고 爲下不亂하

며 在醜不爭이라 居上而驕則亡하고 爲下而亂則刑하고 在醜
而爭則兵이라 此三者不除면 雖日用三牲之養이라도 猶爲不
孝也라

🈳 **거**(居) 여기서는 평소 부모의 슬하에 있을 때를 말하는 것. **양**
(養) 부모를 봉양하는 것. **질**(疾) 질병. **우**(憂) 걱정하는 것.
상(喪) 죽는 것. **애**(哀) 슬퍼하는 것. **제**(祭) 장례 또는 사후의
제사를 말한다. **엄**(嚴) 훌륭하게 거행하다. 엄수하다. **불교**(不
驕) 교만하지 않는 것. **불란**(不亂) 어지럽히지 않는 것. 즉 질
서를 지키다. **추**(醜) 무리[衆]. 많은 사람을 가리킨다. **망**(亡)
멸망. **형**(刑) 형벌을 가하는 것. **병**(兵) 병기로 벌받는 것으로
참수나 총살과 같은 것. **삼생지양**(三牲之養) 삼생은 세 가지 희
생인데 소·양·돼지를 말하는 것이고, 이 세 가지의 미식(美食)·
성찬(盛饌)을 삼생지양이라고 한다. **요**(猶) 오히려.

解義 일반적으로 효자로 일컬어지는 사람이 어버이를 섬기
는 마음가짐은 다음에 기술하는 것과 같은 것이다.

부모가 평소 무사할 때는 특별히 섬기는 방법이 있는 게
아니라 신성혼정(晨省昏定)에 공경하는 마음을 가지고 섬길
것이며, 결코 경시하는 듯한 태도를 가져서는 안된다.

또 부모를 부양함에 있어서는 의복과 신변의 시중을 들
며, 나날이 음식물을 바칠 때에는 안색을 부드럽게 하고, 말
씨는 공손하게 하고, 행동도 얌전하게 하여 어버이의 마음
을 편안하게 하지 않으면 안된다.

부모에게 병이 생겼을 때에는 진심으로 근심하고, 신속하
게 의료를 가하며, 밤낮으로 친절히 간호하여 어버이의 마
음을 기쁘고 만족하게 해드리지 않으면 안된다.

어버이가 불행히도 돌아가셨을 때에는 상(喪)에 대한 행
사를 삼갈 것은 말할 것도 없지만, 추모의 정이 간절하여

진심으로 슬퍼하는 빛이 없어서는 안된다.

어버이가 돌아가신 뒤에는 상중의 공양을 비롯하여 춘추의 제사를 반드시 정결하고 근엄하게 행할 것이며, 사후의 섬김을 생시의 섬김같이 지성으로 해야 한다.

이 다섯 가지는 효자의 지성의 발로라고 할 수 있는데, 그 중의 셋은 살아서 섬기는 예이고, 그 중의 둘은 사후에 섬기는 예이다. 이 다섯 가지가 갖추어진 연후에야 능히 부모를 섬긴다고 할 수 있는 것이다.

어버이를 섬기고 있는 자는 그 몸이 남의 위에 있어 신분이 높다 하더라도 항상 공경으로 아래에 임할 것이며 순간이라도 교만해서는 안된다.

남의 아랫사람이 되어 지위가 낮더라도 항상 공손하게 위를 섬기고 명을 받들어서 순간이라도 남을 배반하고 세상을 시끄럽게 해서는 안된다. 또 동료 간에 있어서도 항상 화목·협동하여 일에 임하고 한순간이라도 남을 능멸하여 서로 다투어서는 안된다.

만약 위에 있는 자가 교만하면 그 몸을 망치게 되고, 아래에 있는 자가 우(愚)를 범하면 그 몸이 형벌을 받게 된다. 그리고 동료끼리 서로 공격하면 끝내는 흉기를 가지고 싸우게 되어, 그 몸에 화를 자초하게 된다. 이 세 가지는 참으로 중대한 금기인 것이다.

교(驕)·난(亂)·쟁(爭) 이 세 가지의 화근을 제거하지 않으면 망(亡)이 되고, 형(刑)이 되고, 병(兵)이 되어 멸망의 화가 내 몸뿐 아니라 어버이에게까지 미치게 된다. 그렇게 되면 날마다 어버이 앞에 소·양·돼지와 같은 여러 가지 진미(珍味)를 바치고 봉양한다 하더라도 어버이의 마음은 편안히 진미를 맛볼 수가 없는 것이다. 이와 같이 자식된 자가 행동을 삼가지 않고 그 어버이에게 근심을 끼치게 하는 것은 가장 큰 불효라고 하겠다.

参考 어버이된 사람들은 날마다 자기가 먹는 성찬보다는 자식의 전도에 더 관심을 갖게 되는 법이다.

설사 자신들이 아사(餓死)하는 일을 당할지라도 자식의 출세나 평안 무사를 바라는 것이 어버이의 사랑인 것이다. 그럼에도 불구하고 그저 양친에게 좋은 음식이나 드리면 그것으로 효를 다한 것으로 생각하는 것은 큰 오산이다.

그러므로 공자는 삼자(三者), 즉 교(驕)·난(亂)·쟁(爭)을 제거하지 않으면 삼생지양(三牲之養)으로 부모를 받들더라도 효자가 되지 못한다고 하였다.

교(驕)란 무엇인가? 화(禍)를 불러들이는 것이 바로 이 교만이다. 윗자리에서 남을 다스릴 수 있는 사람은 그 사려가 고요해야 한다.

일찍이 공자가 말하기를, "군자는 태연하지만 교만하지 않고 소인은 교만하지만 태연하지 못하니라."고 하였다.

또한 공자는 군자에 대하여 말하기를, "보편적이고 편파적이 아니니라."고 하였다.

하늘을 섬길 줄 아는 사람은 그 눈이나 귀나 코 등 일체의 공규(空竅)가 허(虛)한 법이다. 곧 보는 것이나 냄새 맡는 것이 모두 자연 그대로이니, 자기를 뛰어난 자로 생각하거나 자랑하려고 하지 않음을 말한다.

사려가 공허하면 평소에 길러온 덕은 쇠퇴하지 않는다. 또 그 눈이나 귀로 견문함에 있어서 자기 욕심을 앞세우지 않는다면 화기(和氣)는 나날이 더해 가며 덕은 더욱 쌓이는 것이다. 덕이 쌓이니 어찌 교만할 수 있겠는가.

덕이 점점 높아지면 정신이 고요해진다. 정신이 고요해진 뒤에는 남과 다투지 않게 되므로 적도 없어진다. 자기의 하는 일이 모두 도에 들어맞게 되는 것이다.

도에 합일된 후에야 비로소 남의 위에 설 수가 있다.

어떻게 하면 난(亂)하게 되지 않을까? 남의 아래에 있으면서 편파적인 일을 하지 않으면 되지만 그것만으로는 부족하다. 간사한 자를 지나치게 배척한다든지 개인적인 욕심을 채우는 자를 너무 허물하지 않아야 하며, 또 천한 자나 빈한한 자를 모욕해서도 안된다.

간사한 자나 빈한한 자를 책망하지 않는 까닭은, 그러한 사람들도 도를 배웠거나 누군가에게 가르침을 받았다면 그렇게까지 혼미하지는 않았을 것이기 때문이다.

그러므로 난을 일으키지 않으려거든 이와 같이 자기의 행동을 바르게 할 뿐 아니라 타인의 과실을 가혹하게 책하지 않아야 한다. 성인이 말하기를, "마음에 들지 않더라도 너무 엄하게 남을 책해서는 안된다."고 하였다.

그리고 동료 사이의 다툼이란 어디에서 오는 것일까? 너무 상대방의 결점을 들추어내는 데서 생기는 것이다. 그러므로 옛사람이 말하기를, "보는 데만 힘을 쏟으면 눈의 피로를 가져오니, 오히려 밝게 보지를 못한다."고 하였다.

인간 사회에는 항상 다툼이 있다. 그러나 그 다툼의 원인을 없애는 가장 현명한 길은 일상의 행동을 바르게 적응시키는 데 있다.

일찍이 공자가 말한 공손·관대·신의·민첩·은혜의 참된 이치를 알고 실천해야 한다.

공손하면 모욕을 당하지 않고, 관대하면 여러 사람의 지지를 얻으며, 신의가 있으면 남들이 일을 맡기고, 민첩하면 공적을 올리게 되고, 은혜로우면 사람을 부릴 수가 있는 법이다.

그러므로 알아야 할 것만 알려고 할 것이지, 몰라도 될 것까지를 알려고 해서는 안된다. 곧 많이 아는 것은 정신을 소모시키고 다툼을 가져오게 하는 화근이 된다.

공자는 이 장에서 상술한 교(驕)·난(亂)·쟁(爭)의 3액(三厄)을 배제해야만 효를 다할 수 있다고 하였다. 물론 효도에는 이 3액을 배제해야 할 뿐 아니라, 경(敬)·양(養)·질(疾)·상(喪)·제(祭)의 다섯 가지를 갖추어야 되는 것이다. 곧 어려서 어버이의 양육을 받는 동안은 공경을 다하여 안심시키고, 성장하여 어버이를 봉양해야 될 때에는 마음을 편히 해드려야만 된다. 만약 어버이가 병상에 있을 경우에는 밤낮으로 간호에 힘써 진심으로 어버이의 병을 마음 아파해야 하는 것이다.

석가모니도 말한 바 있듯이, 자식을 낳을 때 삼두삼승(三斗三升)의 응혈을 흘리고 팔곡사두(八斛四斗)의 혈유(血乳)를 먹여 기르지 않는가. 그런데 어찌 병간호를 귀찮아 할 수 있겠는가.

어버이가 돌아가셨을 때에는 진심으로 애도하고 장례도 될 수 있는 대로 엄수해야 비로소 효자라고 할 수 있는 것이다.

앞에서 교·난·쟁에 대하여 설명한 바 있는데 우선 '교'에 대한 실례를 하나 들어보기로 하자.

어느 초선 국회의원 한 사람이 자기의 승용차에서 내릴 때에는 반드시 누군가 밖에서 문을 열어주어야만 한다는 소문이 나돌았다. 결국 그 사람은 재선되지 못하였다.

물론 그는 국회의원이 되기 위하여 갖은 고난을 겪었을 것이고, 선거구민에게도 굽실거렸을 테니 그 정도로 뽐내고 싶은 의도는 이해할 수 있다. 나라의 선량이 되어 그 조상과 부모의 이름을 크게 빛낼 수 있었던 것까지는 좋았는데, 그는 교만이 어떤 결과를 가져온다는 것을 몰랐던 탓에 다음 선거 때 낙선되어 길이 효도를 할 수 없었던 것이다.

또 '난'에 대한 예를 하나 들어보겠다.

학벌 좋고 머리 좋아 약관 20대에 고급 공무원이 된 사람이 있었다. 그는 근면한 사람으로 자기 맡은 일은 반드시 완수하는 사람이었다. 그런데도 상관이나 동료들은 그를 경원(敬遠)하였다. 어째서일까?

그는 다른 사람을 해치기 위하여 모략을 일삼는 그런 위인도 아니었다. 다만 동료들 사이에 분란을 일으킨 원인은 그의 말투였다. 그는 소위 백마 비마론자(白馬非馬論者)였던 것이다. 논쟁을 좋아하였고 이기는 것을 좋아하였다. 실속이라도 있는 일이라면 또 모르겠지만 실속 없는 일이라도 무작정 이기는 것을 취미로 삼았던 것이다.

옛날에 아설(兒說)이라는 사람이 있었는데 그는 송나라의 달변가였다. 그는 진(秦)나라 때의 학자인 공손룡(公孫龍)의 논법, 즉 백마는 말이 아니라는 백마 비마론을 지지하여 제나라 직하(稷下)라는 곳에 모인 내노라는 달변가들을 굴복시켰던 사람이다. 그러나 그가 백마를 타고 국경의 관문을 지날 때 관문지기가 그를 불러세우고 그 백마의 통행세를 요구하였다. 그러나 그는 평소의 달변으로도 이를 이겨낼 수가 없었다. 말하자면 허사공론(虛事空論)을 벌일 때에는 능히 일국의 학자들을 이길 수가 있었지만, 실물을 두고 논할 때에는 한 사람의 관문지기조차 속여 넘길 수가 없었던 것이다.

아무튼 그 고급 공무원은 끝내 이 분란을 좋아하는 성격 때문에 그 직장을 떠나야만 하였다.

끝으로 '쟁'에 대한 예를 들어보겠다.

어학에 소질이 있고 문장력도 있는 한 남자가 있었다. 그런데 이 친구는 한 직장에서 6개월을 근무하지 못하는 그런 위인이었다.

이 친구는 자기 외에는 아무도 안중에 없었다. 하찮은 일로 꼭 남과 원수를 맺는다. 평사원으로 들어갔으면서도 2, 3개월 만에 중간 관리직을 맡곤 하는 실력가였는데, 아깝게도 이런 결함을 가지고 있었다.

그는 입사한 지 6개월 만에 아랫사람과 맞서 싸우다가 봉변을 당하고 다른 직장으로 옮겨가곤 하였다. 결국 그는 국내에서는 살지 못하고 국외로 이민을 가버렸다.

교만하고 난을 일으키고 남과 잘 다투다 보면 망하지 않으면 형벌을 받거나, 아니면 남과 원한을 맺어 빈천요사(貧賤夭死)의 화를 면치 못하는 것이다.

사람인 이상 누구나 부귀를 얻고 수명이 길 것을 바랄 것이다. 부귀전수(富貴全壽)를 바라면서도 빈천요사하는 것은, 자연의 도에 적응하거나 자연의 이치에 맞게 살려고 하지 않는 데 그 원인이 있다. 제멋대로의 행동으로는 좋은 보답을 얻을 수가 없다.

교·난·쟁은 희망과 목적 의식이 있는 사람의 할 짓이 아니다. 하물며 효를 염두에 두는 사람에게 있어서랴.

오형장(五刑章)

무릇 형벌에는 3000가지나 있으나 그 죄에 있어서
부모에 대한 불효만큼 큰 것은 없다. 모든 죄악의 근
원은 불효에서 비롯되는 것이니라.

공자께서 말씀하셨다.

"다섯 가지 형벌의 종류가 3000가지나 되지만, 그 죄에 있어서 불효보다 큰 것은 없느니라. 임금에게 강요하는 자는 윗사람을 업신여기고, 성인을 비난하는 자는 법을 업신여기며, 효(孝)를 부정하는 자는 어버이를 업신여기는 것이니라. 이것은 대혼란의 도(道)이니라."

原文 子曰 五刑之屬三千인데 而皐莫大於不孝라 要君者亡上하고 非聖人者는 亡法하고 非孝者는 亡親하니 此大亂之道也라

註 **오형**(五刑) 다섯 가지 형벌. 시대에 따라 일정치 않다. 우순(虞舜) 때의 5형은 묵(墨)·의(劓)·비(剕)·궁(宮)·대벽(大辟) 등인데, 묵은 자자형(刺字刑), 의는 코를 깎는 형, 비는 발의 근육을 끊는 형, 궁은 남자는 거세하고 여자는 유폐하는 형, 대벽은 사형. 주나라 때는 야형(野刑 : 농사를 해친 죄)·군형(軍刑 : 군중에서의 명령 불복종죄)·향형(鄕刑 : 불효, 기타의 비위죄)·관형(官刑 : 관리로서의 책임 불이행죄)·국형(國刑 : 신민으로서의 불충죄). 진(秦)나라 때는 경(鯨)·의(劓)·참(斬)·참좌우지(斬左右趾)·효수(梟首). 후주(後周) 때는 장형(杖刑)·편형(鞭刑)·도형(徒刑)·유형(流刑)·사형(死刑). 수(隋)나라 때에는 태형(笞刑)·장형(杖刑)·도형(徒刑)·유형(流刑)·사형(死刑) 등으로 후세에서 이를 따랐다. **속**(屬) 세목(細目). **죄**(皐) 죄(罪)의 고자(古字)로 진시황(秦始皇)이 이

글자가 황(皇)자와 비슷하다고 하여 죄로 고쳤다고 한다. **요** (要) 굳이 구함을 뜻하는 것. 무리하게 요구하는 것. **망**(亡) 업 신여기다. **비**(非) 기(譏)와 같은 뜻. 비난하다, 나무라다.

解義 공자가 말하기를, "5형(刑)이라고 일컫는 5등의 형벌 이 있으며, 그 5형에 유속(類屬)되는 갖가지 형벌로 도합 3000이라는 많은 수가 있는데, 그 중에서 불효 이상의 대죄 는 없다."고 하였다.

그런데 앞서 말한 바와 같이 덕행의 근원은 효에 있다. 죄악의 근본은 불효에서 발생한다. 여기에 든 죄악은 모두 불효의 반영인 것이다.

신민으로서 군상(君上)을 협박하여 불온한 행동을 하는 자는 일국의 원수까지도 무시하는 것이므로 국가의 파괴자 이며 반역자인 것이다.

한편 성인은 민의의 시현(示現)을 간추려서 법을 세운 사 람이다.

법은 국가 사회의 안녕을 보장하는 권위다. 이 입법의 성 인을 비난하여 그 규범을 파기하는 것은 사회에 해독을 미 치는 대악(大惡)이다.

그리고 부모는 내 몸의 근본이며 혈족의 본원이다. 그 근 본을 돌보지 않고 그 은의를 버리고 이 효도를 비난하는 사람은 어버이를 무시한 인비인(人非人)이며, 도덕의 파괴 자다.

만약 이와 같이 된다면 국가는 암흑 천지가 되어 혼란해 질 것이니, 부모의 대은(大恩)을 무시한 불효자인 만큼 감 히 이와 같은 엄청난 죄까지도 범하는 것이다. 그러므로 불 효의 죄야말로 3000가지나 되는 죄목 중에서 가장 큰 것이 라 아니할 수 없다.

122

参考 세상에는 다섯 가지 형벌이 있으며, 그것에 딸린 형벌의 수가 3000이나 있을 만큼 많은 죄명이 있으나, 그 중에서도 불효의 죄가 제일 무겁다는 것이 이 장의 요지다.

오늘날 각국에서 존속에 대한 범죄를 매우 무겁게 처벌하고 있는 것과 상통하는 내용이다.

임금에 대하여 무리한 요구를 한다든지 터무니없는 소리를 하여 임금의 의사를 꺾으려고 하는 인간은 반드시 임금을 업신여기고 무시하는 것이다.

또 성인을 비난한다든지 효덕(孝德)의 도를 비웃는다든지 하는 자들 중에는 법을 지키지 않는 자가 많다. 그리고 불효하는 자들은 어버이를 업신여기고 어버이의 말에 따르지 않는다.

여기서 석가모니의 말씀을 들어 불효에 대한 죄는 사후에 어떤 값을 치르는지 살펴보자.

석가모니의 말에 의하면, 불효한 자식은 죽으면 아비무간지옥(阿鼻無間地獄)에 떨어진다고 하였다. 아비무간지옥은 넓이가 8만 유순(由旬)이나 되고, 사방에 무쇠의 성이 둘러싸여 있는데, 그 주위가 다시 그물로 둘러싸여 있다. 그리고 그 땅은 붉은 무쇠로 되어 있으며 모진 불이 훨훨 타올라 맹렬한 불길이 번개같이 번쩍인다는 것이다. 여기에서 끓는 구리와 무쇳물을 죄인의 입에 부어놓을 뿐 아니라, 무쇠로 된 뱀과 구리로 된 개가 항상 연기와 불꽃을 토하여, 이 불 속에서 그 죄인은 볶아지고 지져지고 구워지고 삶아져서 살이 타고 기름이 끓어 그 고통을 견디기 어렵다고 하였다. 그 위에 무쇠 채찍과 무쇠 꼬치, 무쇠 망치와 무쇠 창, 그리고 칼과 칼날이 비와 구름처럼 공중에서 쏟아져 내려서 사람을 베고 찌른다. 이렇게 죄인들을 괴롭히고 벌을 내리기를 여러 겁(劫) 동안 계속한다. 그리고 잠시도 쉴 사이 없이 고통받게 한다는 것이다. 뿐만 아니라 이 사람은 다시 다른 지옥으로 돌려져서 머리에 불화로를 이고, 무쇠로 만든 수레로 사지가 찢기고, 창자와 뼈와 살이 불타고 찢겨져서, 하루에도 천 번을 살아나고 만 번을 죽게 한다고 하였다. 이렇게 고통을 받는 것은 모두 전생에 5역 중의 하나인 불효죄를 지었기 때문이다.

이같은 불효자에 대한 형벌은 너무나 끔찍해서 오싹함을 느끼게 할 것이다. 공자는 말하기를, "잘못을 저지르고도 고치지 않으면 그것이 곧 잘못이다."고 하였다.

마지막으로 임금에게 요구하는 자나 성주를 비난하는 자, 또 불효자는 대란을 일으키는 근본이라고 하였으니, 이러한 대란을 미연에 방지하기 위해서는 어떻게 해야 하는가?

한비(韓非)는 말하기를, "명주(明主)가 그 지위를 튼튼히 지키려면 형(刑)과 덕(德)을 갖추어야 한다."고 하였다.

형(刑)은 형벌을 말하는 것인데 신하된 자는 모두 그 형벌을 두려워한다. 반대로 덕은 경상(慶賞)을 얻는 것을 기쁨으로 하는 것이므로, 군주된 자는 그 상벌권만 쥐고 있으면 된다고 하였다.

호랑이가 개를 복종시키는 것은 호랑이의 발톱과 어금니 때문이다. 군주의 형덕(刑德)은 곧 호랑이의 발톱과 어금니에 해당한다고 말하였다.

제나라의 전상(田常)은 간공(簡公)에게서 상훈권(賞勳權)을 빼앗아 간공을 실각시켰고, 송나라 자한(子罕)은 살육 형벌은 세인들이 미워하는 바이므로 자한 자신이 이를 담당하겠다고 속여서 형벌을 이용하여 정권을 손에 넣었다.

군주된 사람은 아랫사람이 군주를 업신여기고 횡포를 부리는 것을 막기 위해서는 형덕의 운용을 잘해야 한다. 치국의 대권 앞에서는 불성실은 물론 부주의나 방심까지도 용납해서는 안된다. 그러나 요직에 있는 자에게는 우선 그 의견을 들어주어서 한 번 실행시켜 보고, 그런 다음에 언(言)과 사(事)의 일치 여부를 알아본 뒤, 결과에 따라서는 이를 가차없이 배제하라고 하였다.

광요도장(廣要道章)

　친애할 수 있는 것에는 효(孝)보다 좋은 것이 없고, 예순(禮順)할 수 있는 것에는 우매보다 좋은 것이 없다. 예란 공경하는 것이다. 한 사람을 공경하여 천만인을 기쁘게 하는 것을 중요한 도(道)라고 하느니라.

공자께서 말씀하셨다.

"백성에게 친애(親愛)를 가르침에 있어서 효(孝)보다 좋은 것이 없고, 백성에게 예순(禮順)을 가르침에 있어서 우애보다 좋은 것이 없으며, 사회 풍속을 순화시킴에 있어서 악(樂)보다 좋은 것이 없고, 임금을 편안케 하고 백성을 다스림에 있어서 예(禮)보다 좋은 것이 없느니라. 예란 공경하는 것일 따름이다. 그러므로 그 아버지를 공경하면 그 아들이 기뻐하고, 그 형을 공경하면 그 아우가 기뻐하며, 그 임금을 공경하면 그 신하가 기뻐하느니라. 한 사람을 공경해서 천만인(千萬人)이 기뻐하게 되니, 공경받는 자의 수는 적은데 기뻐하는 자의 수는 많게 되는 것이니라. 이것을 두고 중요한 도(道)라고 하는 것이니라."

原文 子曰 敎民親愛는 莫善於孝요 敎民禮順은 莫善於弟요 移風易俗은 莫善於樂이요 安上治民은 莫善於禮이니 禮者敬而已矣라 故로 敬其父則子說하고 敬其兄則弟說하며 敬其君이면 則臣說하니 敬一人而千萬人說이라 所敬者寡而나 說者衆하니 此之謂要道也라

註 교(敎) 교화시키는 것을 말한다. 친애(親愛) 친애하는 마음으로

남을 사랑하여 다투지 않음을 말한다. **예순**(禮順) 사람을 공경하되 예의바르게 온화한 마음으로 선한 쪽을 따르는 것. **제**(弟) 온순함. 형을 공경하여 잘 섬김. 여기서는 연장자를 공경하고 잘 섬기는 것을 말한다. 형을 섬기는 마음으로 남을 대하면 반드시 예순에 적합하다. **이풍역속**(移風易俗) 풍속 습관을 개량하는 것을 말한다. **안상**(安上) 임금을 편안하게 하는 것. **열**(說) 열(悅)과 통하니, 기뻐하는 것. **일인**(一人) 여기서는 아버지를 가리키는 말이다. **과**(寡) 적다는 뜻. **중**(衆) 많은 사람.

[解義] 공자가 말하기를, "일반 백성에게 남과 친애할 수 있는 마음을 가르치기 위해서는 첫째 효도를 설유하는 것이 필요하다."고 하였다. 부모와 자식 간의 정애를 바르게 감득시킬 수 있으며, 세상 사람들이 어버이에게 효도를 하도록 하면 그 인간의 마음속에 설사 자각하지 못하는 경우가 있다 할지라도 사람을 공경하는 감정은 배양된다고 생각하였다. 또 백성에게 예순(禮順)의 마음을 양성시키기 위해서는 무엇보다 형(연장자)에 대한 바른 감정을 양성시키는 것이 첩경이라고 생각하였다.

풍속을 우아하게 이끌기 위해서는 아무래도 음악만한 것이 없다. 격조 높고 고아(高雅)한 민요가 생기는 시대는 반드시 백성의 마음도 바르다. 현대와 같이 저속한 민요가 유행하는 시대는 퇴폐적 풍조가 조성된다.

국민을 다스리는 데 예의심을 감득시키는 것보다 좋은 방법은 없다. 예라는 것은 남을 공경하는 마음이다. 공경을 받고서 화를 낸다든지 불평을 하는 사람은 없을 것이다.

그 사람의 아버지를 공경하면 반드시 그 아들이 기뻐할 것이고, 그 형을 공경하면 그 사람의 아우가 반드시 기뻐할 것이며, 그 군주를 공경하면 그 신하된 자가 반드시 기뻐할 것이다.

요컨대 각자 아버지를 공경하게 되면 온 백성은 기쁨이 넘치게 될 것이다. 그리고 공경을 받는 자의 수가 적은데도 기뻐하는 자의 수를 많게 하는 것이 세상을 다스리는 가장 중요한 도(道)인 것이다.

参考 애혜화친(愛惠和親)하는 덕이라는 것은 단체생활을 하는 데 가장 중요한 일이다.

그런데 그 애혜화친하는 법을 가르치기 위해서는 효도로 시작하는 것이 가장 좋은 방법이다. 효라는 것은 그 어버이를 사랑하는 일이므로, 사람들이 각자 그 어버이를 친애하는 마음을 확대해 나가 타인을 친애하게 되면 그 사회가 순화되어 마침내 서로 친애심을 갖게 되는 것이다.

예순(禮順)의 길 역시 사회생활의 필수 불가결한 요소다. 사람들이 서로 예의를 바르게 하고 서로 화목하면 그곳에 질서도 유지되고 평화로운 생활도 영위되는 것이다. 예순은 제(悌)다. 그렇기 때문에 이 제로써 사회생활의 규범을 삼으면 그곳에 예가 생기고, 순함을 이루어 상하의 질서가 서며, 융화된 생활이 영위된다.

악(樂)은 음악을 말하는 것인데, 옛날에는 여덟 개의 악기가 내는 음이 화합한 것을 일컫는 말이었다. 이 악은 인심을 고무하고 또 감정을 완화시키는 힘이 있다. 그러므로 사회의 풍기를 바로잡고 세간의 유속(流俗)을 바꾸어 인심을 쇄신하고, 정조(情操)를 길러 사회를 순화시킬 수 있는데, 이러한 음악의 묘미에 대하여 기대하는 것은 수긍이 가는 일이다.

공자는 어떤 때에는 악에 도취되어 침식을 잊어버릴 때도 있었다 한다. 공자는 말년에 악에 대하여 대가의 경지에 달해 있었다. 그는 노나라의 흩어진 악을 정리하였고 아(雅)

와 송(頌)에 대해서도 넓은 견문과 해박한 지식으로 각기
주류를 찾아 그 위치를 정해 놓았던 것이다.

공자가 얼마나 악을 존중하였고 또 자신의 희노애락을
어떻게 악으로 조절하였는가는 다음의 일화로도 짐작할 수
있다.

공자의 수제자로 안자(顏子)를 꼽을 수 있는데 그는 불행
하게도 일찍 죽었다. 장례를 치르는 안자의 유족들은 이날
공자에게 고기와 술을 보내 왔다. 수제자를 잃은 공자는 슬
피 울면서 그 고기와 술을 먹지 않다가 악기를 탄주하여
슬픈 감정을 달랜 뒤에야 그 음식을 먹었다는 것이다.

이런 까닭에 사회를 순화시키는 데 악보다 좋은 것은 없
다고 하는 것인데, 음악에 의한 이러한 감정의 순화는 나아
가서 정치와도 끊을 수 없는 긴밀한 관계를 맺고 있다.

음악은 중국 고래의 교육 방법의 하나가 되어 내려오고
있다.

예(禮)는 군신 상하의 명분을 바르게 하고 사회의 질서를
유지하는 것이다. 《논어》에 말하기를, "선왕의 도는 예를 아
름다움으로 삼는다."고 하였고, 《순자(荀子)》에도 말하기를,
"예는 인도(人道)의 극(極)이니라."고 하였다. 이것은 모두
예로써 인도의 기준을 삼고 있음을 말한 것이다.

일찍이 공자는 그 제자인 안연(顏淵)이 예에 대하여 묻자
다음과 같이 대답하였다.

"예가 아니면 보지 말고, 예가 아니면 듣지 말고, 예가 아
니면 말하지 말고, 예가 아니면 행동하지 말라."

이러한 예가 행해지면 상하 귀천은 각기 그 있을 곳을
얻어 평화롭고 행복한 사회생활을 할 수 있는 것이다. 그리
고 이 효(孝)·제(悌)·예(禮)·악(樂)의 4자를 병칭하여 치
국의 요구(要具)라고 하였다.

예는 외면상 갖가지 형식을 취하여 실생활상에 나타나는 것이다. 예의 300, 위의(威儀) 3000이라고 일컫는 바와 같이 예법에는 여러 가지 종목이 있다. 그러나 예의 정신이라고 할 만한 것은 단지 하나의 경의(敬意)에 있을 뿐이다. 그러므로 예는 경(敬)으로써 중핵(中核)을 삼고 경으로써 일관하고 있는 것이다. 그리고 그 경은 어디까지나 효에서 나오고 있음을 잊어서는 안된다. 여기서 사랑을 말하지 않고 경(敬)을 말한 것은 사랑은 어버이와 형제 간에 자연적으로 이루어지는 것이지만, 경은 자연적으로 이루어지는 것이 아니기 때문에 특히 경을 강조하기 위한 것이다.

상호 간의 질서가 유지된 연후에 사회는 융화한다. 질서를 보유하는 것은 예의 힘이다. 그 예는 경에 바탕을 두지 않으면 행해질 수 없으며, 따라서 경에 바탕을 두지 않은 것은 예가 아닌 것이다. 그러므로 경의 쓰임을 더욱 넓혀서 다음과 같이 설명하였다.

군주가 경으로써 남의 아버지를 공경하면 모든 자식된 사람들이 모두 기뻐한다. 경으로써 남의 형을 공경하면 모든 아우된 사람들이 모두 기뻐한다. 경으로써 천하의 모든 군주를 대하면 그 군주의 신하된 자가 모두 기뻐한다.

본시 사람들에게는 아버지를 공경하고 형을 공경하고 군주를 공경하는 마음이 있으므로, 나 자신이 솔선하여 이를 공경하면 사회 인심의 공경을 얻게 되어 사람들이 열복하게 되는 것이다.

공경받는 사람의 수는 부(父)·형(兄)·군(君) 정도의 극히 적은 수인데도 기쁨을 느끼는 사람은 대단히 많다. 경을 행하는 자는 적으나, 그 감화가 미치는 바는 넓은 것이다. 그러므로 경은 치민(治民)의 중요한 도가 되는 것이다.

광지덕장(廣至德章)

자신이 어버이에게 효도하면 자식이 또한 나에게
효도한다. 자신이 어버이에게 효도하지 않는다면 자
식이 어찌 나에게 효도하겠는가? 그러므로 효순한
사람은 효순한 아들을 낳고 오역한 사람은 오역한
아들을 낳는 것이니라.

132

공자께서 말씀하셨다.

"군자가 효(孝)로써 가르친다는 것은 집집마다 찾아 가 매일 사람들을 만나서 하는 것이 아니니라. 효로써 가르친다는 것은 천하 사람들의 아버지된 자를 공경하 도록 하는 것이고, 우애로써 가르친다는 것은 천하 사 람들의 형된 자를 공경하도록 하는 것이며, 신하 노릇 을 가르친다는 것은 천하 사람들의 임금된 자를 공경하 도록 하는 것이니라. 시(詩)에 이르기를, '개제(愷悌)의 군자는 백성들의 어버이다.' 하였느니라. 지극한 덕이 아니라면 그 누가 백성들을 이처럼 위대하게 따르도록 할 수 있겠는가?"

原文 子曰 君子之敎以孝也는 非家至而日見之也라 敎以孝 는 所以敬天下之爲人父者也하고 敎以弟는 所以敬天下之爲 人兄者也하고 敎以臣은 所以敬天下之爲人君者也라 詩云 愷悌君子는 民之父母라 非至德其孰能訓民이 如此其大者 乎하니까

註 군자지교(君子之敎) 군자는 심성이 어질고 덕행이 높은 사람을 가리키는 것으로, 군자지교는 군자가 되게 하는 가르침을 말하 는 것이다. 일(日) 나날이. 제(弟) 제(悌)와 통하니, 형 또는

존장을 공손히 잘 섬기는 것. **인군**(人君) 임금. **개제**(愷悌) 얼굴과 기상이 화락하고 단아(端雅)함을 말한다. **숙**(孰) 누구. 어느 사람.

解義 군자가 효도로써 백성을 가르치고자 해도 일일이 백성의 집을 찾아가 설법할 수는 없는 일이다. 그래서 자신이 그 본보기를 보이면 백성의 눈은 하늘에 일월을 우러러봄과 같이 군자의 덕행에 대하여 일제히 주목하게 된다. 그리고 생각이 있는 자는 그 행동을 본받아 수양의 귀감으로 삼는다.

그리고 군자가 효를 가르치는 것은 천하 사람들의 아버지된 사람을 존경하도록 이끄는 것이며, 제(悌)를 가르치는 것도 천하 사람들의 형된 사람을 존경하도록 하는 것이다. 또 신하로서의 도를 가르치는 것도 천하 사람들의 임금된 사람을 공경하도록 인도하는 것이다.

어버이에게는 효, 군주에게는 충, 형에게는 제(悌), 단지 이것만으로 도는 천하에 퍼지게 되어 세상의 악이라 할 만한 것은 모두 모습을 감추게 된다.

《시경》에 이르기를, "개제(愷悌)의 군자는 백성의 어버이다."고 하였다. 얼굴과 기상이 화락하고 단아한 유덕군자는 사람들에게 경모(敬慕)되는 것이다. 그러한 위대한 행위는 백성의 부모로서의 성왕 혹은 군자로서 지극히 덕 있는 군주가 아니면 누가 감히 그만한 위업을 수행할 수 있을 것인가.

參考 한 나라의 번영은 위대한 지도자에게 달려 있다. 그 일거수 일투족은 온 나라 백성의 본받는 바가 되기 때문에, 그 행동은 물론이요 말 한마디 한마디도 소홀히 할 수 없

는 것이다.

공자가 말하기를, "백성의 장(長)이 되는 군자가 효도를 남에게 가르친다는 것은 반드시 가가호호를 찾아다니면서 매일 설명한다든지 가르친다든지 하는 것을 의미하는 것이 아니며, 또 그러한 번다한 일은 할 수도 없는 것이다."고 하였다.

단지 군자는 스스로 효를 그 가정에서 행하기만 하면 그 것에 의하여 모든 백성들도 자연히 감화된다. 세상에서 흔히 쓰는 수신제가(修身齊家)한 후에 치국평천하(治國平天下)한다는 것이 바로 이것이다.

사람의 자식된 자가 모두 이를 따라서 각자 그 어버이에게 효도하게 되는 것이다. 그렇게 되면 이것이 간접적으로는 천하의 수많은 남의 어버이들을 공경함이 되는 것이다.

아우된 도를 스스로 실천해 나가면 남의 아우된 자들이 모두 진심으로 그 형에게 우제(友悌)의 도를 다하게 되는 것이다. 그러니 이것이 간접적으로 천하 사람의 형된 자를 공경함이 되는 것이다.

신하의 길을 가르치는 데 있어서도 역시 마찬가지다. 그렇기 때문에 남의 신하된 자가 모두 이를 판별하여 신하된 도리를 다하여 그 군주를 섬기게 되는 것이다. 그러면 이것도 역시 간접적으로 천하의 임금된 자를 공경하는 결과가 되는 것이다.

이와 같이 군자가 몸소 행하여 모범을 보이면 그 감화의 힘이 자연히 백성들 간에도 그러한 분위기를 조성하여 드디어 사회를 정화하고 백성들의 품성을 도야하게 되는 것이다. 이것이 군자가 효를 가르치는 도(道)인 것이다.

《효경》중에는 군자라는 말이 많이 나온다. 공자가 말하기를 "군자란 그릇 같은 존재가 아니다."고 하였다. 그릇은 아무리 모양이 곱더라도 그 용도는 한정되어 있다. 그러나 군자는 그렇지 않다.

또한 말하기를, "군자는 선행기언(先行其言)이다."고 하였다. 군자는 말이 앞서는 법이 없이 먼저 실행이 앞선다는 뜻이다. 또 공자는 군자와 소인을 구별짓기를, "군자는 보편적이되, 편파적이 아니다. 그러나 소인은 편파적이고 보편적이 아니다."고 하였다.

그러므로 이러한 군자가 임금이 되었을 때에는 그 나라에 성치(聖治)가 가능하였던 것이다.

일찍이 애공(哀公)이 공자에게 여쭈었다. "어떻게 하면 백성의 마음까지 복종하게 할 수 있습니까?"

"곧고 올바른 사람을 등용하여 곧지 않은 사람들 위에 놓으면 백성은 충심으로 따르지만, 곧지 않은 사람을 등용하여 곧은 사람의 위에 놓으면 백성이 진심으로 따르지 않는다."

이것이 공자의 답변이었다.

응감장(應感章)

효도하라. 오직 효도하라. 그리고 형제에게 우애 있게 하라. 그러면 네가 하는 일에 정치가 있으니, 효제하는 마음이 지극하면 사해(四海)에 빛나서 온 천하에 미치는 것이니라.

공자께서 말씀하셨다.

"옛날에 명철한 임금은 아버지를 섬김에 있어서 효(孝)로써 하였기 때문에 하늘을 섬김에도 밝게 하였고, 어머니를 섬김에 있어서 효로써 하였기 때문에 땅을 섬김에도 살펴서 하였느니라. 어른과 아이들이 도를 따랐기 때문에 위아래가 잘 다스려졌고, 하늘과 땅을 잘 밝히고 살펴서 신명(神明)을 드러나게 하였느니라. 그러므로 비록 천자라 할지라도 반드시 더 귀한 분이 있는 것이니, 그것은 아버지가 있음을 말하는 것이며, 반드시 먼저인 자가 있는 것이니, 그것은 형이 있음을 말하는 것이니라. 종묘(宗廟)에 공경을 다하는 것은 어버이를 잊지 않음이요, 몸을 닦고 행실을 삼가는 것은 선조에게 욕될까 두려워하기 때문이니라. 종묘에 공경을 다하면 선조의 귀신이 드러나게 되는 것이니, 이는 효와 우애의 지극함이 신명에 통하고 사해에 빛나서 미치지 않는 데가 없게 되는 것이니라. 시(詩)에 이르기를, '동쪽에서부터 서쪽에 이르기까지, 남쪽에서부터 북쪽에 이르기까지 복종치 않는 자가 없다.'고 하였느니라."

原文 子曰 昔者에 明王事父孝하니 故事天明이라 事母孝하

니 故事地察이라 長幼順하니 故上下治라 天地明察하면 鬼神
章矣로다 故雖天子必有尊也니 言有父也요 必有先也니 言
有兄也라 宗廟致敬은 不忘親也요 修身愼行은 恐辱先也라
宗廟致敬하면 鬼神著矣라 孝悌之至는 通於神明하고 光於四
海하여 亡所不曁라 詩云 自東自西하며 自南自北에 亡思不
服이라 하니라

田 **석자**(昔者) 어제 또는 4, 5일 전. 여기서는 옛날을 말한다. **명왕**
(明王) 명군(明君). 명철한 임금. 중국 태고의 명군으로 요·순·
우·탕·문왕·무왕 등을 가리킨다. **사천**(事天) 하늘은 부모의
근본이고 만물의 근원이므로, 부모를 섬기듯 하늘을 섬기는 것
이다. **명**(明) 사념(邪念)이 없는 것. **사지**(事地) 옛날에는 천지
를 부모에 비교하여 하늘을 아버지로 삼고, 땅을 어머니로 삼았
다. 땅은 만물을 생육하는 근원이므로 어머니를 섬기는 마음으
로써 땅을 섬겼다. **찰**(察) 숨은 빛을 나타내는 것. 명(明)과 통
하는데, 사념없이 그 덕을 높이는 것. **장유**(長幼) 어른과 어린
이. **순**(順) 아랫사람이 윗사람을 공경하는 것. **상하**(上下) 지
배 계급과 피지배 계급. **치**(治) 어지럽지 않고 다투지 않아서
원만하게 생활해 가는 것. **귀신**(鬼神) 귀는 음(陰)이며 신은 양
(陽)으로서, 즉 음양의 영(靈)을 말하는 것이다. **장**(章) 나타나
다. 명백하다. 천지 간의 음양의 배치가 순조롭게 돌아가서 재해
나 이변이 없고, 오곡은 풍요롭고 계절이 순조로운 것. **선**(先)
자기보다 먼저인 사람. 한 발짝 앞선 사람. 자신은 그 뒤에서 따
르지 않으면 안된다. **수신신행**(修身愼行) 수신(修身)은 자신의
몸을 닦아 성행을 바르게 하는 것. 신행(愼行)은 행동을 삼가는
것. 나쁜 짓을 하지 않고 신의를 지켜서 덕의 길에 따라 행동하
는 것. **공욕선야**(恐辱先也) 조상의 이름을 욕되게 하는 따위의
일은 단연코 해서는 안된다는 뜻. **치경**(致敬) 공경을 다하다.
저(著) 감응 접촉(感應接觸)하다. **효제**(孝悌) 부모와 형을 잘 섬
기는 것. **신명**(神明) 하늘의 신령과 땅의 신령. 신기(神祇).
불기(不曁) 다다르지 못하다. 기(曁)는 미침〔及〕. **자동**(自東) 동

쪽에서부터. **망사불복**(亡思不服) 그 행실의 모범에 대하여 자기를 반성하고, 숭경(崇敬)의 염을 일으켜서 그 행실을 본받지 않는 사람이 없음을 말하는 것.

解義 옛날의 요·순·우·탕·문·무왕 같은 명철한 임금은 아버지를 효도로써 섬겼으며 그와 꼭 같은 정성으로써 하늘을 섬겼다. 그런데 그 정성에는 한 점의 구름조차 없이 아무런 사념이 없는 것이었다. 또한 어머니를 효도로써 섬겼으며 그와 똑같은 정성으로 땅을, 즉 만물을 생육하는 자연을 섬겼으니 그 정성 또한 아무런 숨겨진 그늘이 없이 맑고 깨끗한 것이었다.

부모에게 효성을 다하였을 뿐 아니라, 장유(長幼)의 순서를 정하여 젊은이가 어른을 따르게 하니, 상하가 서로 경애하여 아무 분쟁이 없이 평화로웠다.

천지를 섬기는 데 있어서 사심이 없고, 밝고 깨끗하니 천지 음양에 조화가 이루어져 재해와 이변이 생기지 않았으며, 절후가 때에 맞아 오곡이 풍등(豊登)하였다.

천자는 이 세상에서 지극히 존귀한 자다. 그러나 그렇듯 존귀한 천자로서도 반드시 존숭해야 하는 사람이 있는데, 즉 천자의 아버지다. 또 천자보다 한 발자국 앞선 사람이 있는데, 비록 천자일지라도 반드시 그 뒤를 따라야 하는 자, 즉 형이다.

천자는 또한 선조의 묘소를 공경하는 마음으로 돌보는데, 이것은 비록 어버이가 지금은 생존해 계시지 않아도, 그 높고 깊은 은혜를 잊지 못해서다. 그러나 묘소를 잘 돌보는 것만으로는 부족한 것이니, 자신의 언행을 삼가 예의바르고 도덕을 준수하도록 힘을 써야 하는데, 이것은 자기의 언행 때문에 선조에게 욕을 돌리는 일이 없도록 하자는 것이다.

이런 경건한 생각을 가지고 선조의 무덤을 공경으로 돌보면, 조상의 신령이 기뻐하여 눈앞에 나타나는 것처럼 느끼게 된다.

그러므로 효제(孝悌)하는 마음이 지극하면 그 정성이 신명에 통하고 사해에 빛나서, 널리 온 천하에 미치는 것이다.

《시경》에 이르기를, "동쪽에서부터 서쪽에 이르기까지, 남쪽에서부터 북쪽에 이르기까지 지극한 효제심(孝悌心)을 나타내는 아름다운 언행을 본받아 스스로를 반성하여 이를 숭경하는 마음을 일으키니, 그 행위를 따르지 않는 자가 없다."고 하였다. 이것이야말로 효제의 염(念)이 천하 만국에 미치는 영향을 노래한 것이다.

參考 옛날의 성인은 부모에 대하여 효성을 다하는 그 마음으로써 천지·자연을 대하였다. 천지도 또한 그 부모와 근원을 같이하고 있는 이상, 인간의 지성지덕(至誠至德)이 천지우주에 통할 수 있다. 생(生)이 있는 자도, 생이 없는 자도, 다 함께 그 덕에 감격하여 희열과 만족을 실감하는 것이다.

형은 아우를 사랑하고, 아우는 형을 공경한다. 윗사람은 아랫사람을 사랑하고, 아랫사람은 윗사람을 존경한다. 이것을 순(順)이라고 하는 것이다. 앞에서도 이미 설명한 바와 같이 형을 공경하는 마음으로 남을 대할 수 있으면, 상하의 순서가 분명해지므로 서로 기쁜 마음으로 그 순을 지킨다. 그리하면 상하가 서로 다투는 일이 없어 천하가 태평해지고, 평화스러운 사회가 성립되며, 정치는 순조롭게 다스려지는 것이다.

부형(父兄)에 대한 마음으로써 천지 만상을 대할 때, 초

142

목도 암석도 산천도 모두 화기(和氣)를 품어 진실로 아름답
다. 모두가 태양의 혜택을 받아 생기가 발랄하다. 이러한 것
이 이 시대 사람들의 사상으로, 사시의 절후도 인간의 바른
의사에 의하여 변화시킬 수 있다고 믿었기 때문이다. 현대
인의 입장에서 보면 다소 기이하다는 느낌이 없지도 않다.
그러나 완전히 바른 신념 앞에서는 어떠한 것도 화육(化育)
할 수 있다고 하는 신념은 정치를 행하는 자에게는 불가결
한 요건이다. 설사 천변지이(天變地異) 때문에 백성의 대다
수가 고난 속에 처해 있을 지라도 그 사람이 확고하게 다
른 사람을 경애하는 신념을 가지고 살며, 위정자가 자기를
겸허하게 하여 효덕의 도를 실행한다면, 고난을 극복하여
기쁨으로 만들 수가 있다. 우울한 모든 것을 일소하고 명랑
한 기분으로 시련에 당면할 수가 있는 것이다.

　천자를 이 세상에 있어서의 최고의 자리로 보아, 우리 나
라에서도 임금을 지존이라고 하였다. 그러나 그러한 천자라
할지라도 반드시 존숭하는 것이 있다. 그것은 어버이, 즉 천
자의 어버이다. 비록 국법에는 천자의 자리를 최고의 것으
로 정하고, 천자 이외의 사람은 모두 천자를 앙망 존경해야
한다고 가르치고 있지만, 그 천자가 어버이를 존경하지 않
을 경우, 백성의 사상에 어떤 영향을 미칠 것인가. 그런 점
에서 볼 때, 천자도 또한 부모를 존경해야 한다는 것이 명
백히 이해될 것이다.

　아우가 형을 존경하고, 누이동생이 언니를 따르는 것, 이
것도 또한 자연이다. 먼저 태어났다고 해서 반드시 존경해
야 할 필요는 없지 않느냐고 하는 사람도 있다. 어버이의
눈으로 볼 때는 형이든 아우든 다 같이 자기 자식이기 때
문에 모든 자식들을 다 귀여워하며 평등하게 사랑하려고
할 것이다. 그러나 장유(長幼)의 사이에 하나의 질서를 만

들어서 그 법칙에 따라 평화의 도를 강구하려 할 때에는, 아우가 형을 공경하고 동생이 언니에게 순종하는 것이 극히 자연스러운 도리가 될 것이다.

형제 간의 우애가 점차 엷어져가는 현대의 인심은 과연 즐거워해야 할 현상일까. 어버이에게는 양육을 받은 은혜가 있지만, 형이나 언니에게는 무슨 은혜가 있는가. "형제는 남이 되는 시초."라는 속담까지 있어서 형제 간의 순(順)은 날로 어지러워져 가지만, 옛 성인의 말씀을 새겨서 각성해야 할 것이다.

사람에게 어떤 구별을 설정할 때, 그 사람의 재주라든가 학문 따위를 표준으로 삼을 경우, 여러 가지 난점(難點)이 개입되므로 정확하게 구별하기는 불가능하다. 그런 까닭에 성인은 장유, 즉 먼저 난 자와 나중 난 자와의 구별로서 경순(敬順)의 도를 가르친 것이다. 이렇게 하면 누구든 쉽게 구별할 수 있고, 이에 만족하여 순종할 수 있다. 결코 습관의 힘 때문만은 아니다. 그리고 그 순서를 충실히 지켜가면 상하가 화목하여, 천하는 조용하게 다스려져가는 것이다.

부모가 돌아가신 후에 그 무덤을 돌보아 공경하는 것도 부모의 은혜를 잊지 않는 하나의 아름다운 일이다. 그러나 무덤을 잘 돌보는 것만으로는 부족하다. 그 행실을 바르게 하여 부정하다고 생각되는 일은 모두 피하고, 오직 선행에 노력하는 것이 선조의 이름을 더럽히지 않는 것이다.

그 선행은 자기를 위해서만이 아니고, 남을 위해서도 아니며, 선조를 위해서라고 해석해도 좋을 것이다. 결코 선조가 사멸한 것이라고 생각해서는 안된다. 그 영(靈)은 불멸하는 것이다. 형태는 비록 눈에 보이지 않으나, 반드시 이 천지 사이에 존재해 있어서 자신들의 무덤에 와서 제사를 지내는 일을 매우 흐뭇하게 생각할 것이다.

　어버이를 대하는 도, 형을 섬기는 도, 즉 효제의 도로써 천하에 임할 때 반드시 그 지성은 천지를 움직이게 될 것이다. 그리하여 일월(日月)이 빛나듯 사해를 비추어서 이적(夷狄)과 같은 미개인일지라도 그 풍속을 사모하여 자신들의 악풍(惡風)을 고치게 될 것이다.

광양명장(廣揚名章)

천하의 근본은 나라에 있고, 나라의 근본은 집에 있으며, 집의 근본은 그 몸에 있는 것이다. 그러므로 효성을 다하여 부모를 섬겨야 한다. 모든 행실은 안에서 이루어져 이름이 후세에까지 남는 것이니라.

공자께서 말씀하셨다.

"군자는 어버이를 효(孝)로써 섬기기 때문에 충(忠)을 임금에게 옮겨서 행하는 것이요, 형을 우애로써 섬기기 때문에 공순함을 윗사람에게 옮겨서 행하는 것이니라. 또 집안을 잘 다스리기 때문에 그 다스림을 관(官)으로 옮겨서 행하는 것이니, 그 행실이 안에서 이루어지고 이름이 후세에까지 세워지는 것이니라."

原文 子曰 君子之事親孝라 故忠可移於君이요 事兄悌라 故順可移於長이라 居家理이니 故可移於官이라 是以行成於內하고 而名立於後世矣라

註 이(移) 옮기다. 여기서는 위치를 바꾸는 것. 장(長) 존장(尊長). 이(理) 치(治)와 통하니, 일가를 화합시킬 수 있는 것. 명(名) 이름. 여기서는 미명(美名)으로, 세상 사람들에게 숭경받음을 말한다. 입(立) 서다. 여기서는 나타내다, 밝히다의 뜻.

解義 군자된 사람이 어버이를 섬기는 데에는 반드시 효도를 다할 것이므로, 어버이를 섬기는 마음의 위치를 바꾸어 임금을 섬기게 되면 반드시 훌륭한 충의가 된다.

또 집안의 형을 섬김에는 반드시 우애제순(友愛悌順)의 도를 다할 것이므로, 그 마음을 옮겨서 밖의 존장을 섬기게

되면 반드시 공순하게 된다.

충은 효에서 나오고 순(順)은 제(悌)에서 나온다. 그러므로 부형을 섬기는 효제의 길은, 곧 군장(君長)을 섬기는 충순(忠順)의 도가 되는 것이다.

집에서 능히 효제의 도를 다하면 반드시 그 집안이 잘 다스려진다. 그렇게 집안을 잘 다스리고 있는 사람에게는 관사(官事)를 다스리게 하더라도, 직책을 완수하여 훌륭한 성적을 올릴 수 있을 것이다.

이리하여 국가 사회에 그 도를 행하게 되면, 공익을 펴나가고 세무(世務)를 열어 길이 후세에까지도 그 업적이 전해지고, 명성과 함께 부모를 나타내게 되는 것이다. 이것으로 자식된 도리를 실현하여 완전한 효도를 이루었다고 할 수 있다.

參考 부모를 섬김에 있어서 효성스러운 자는, 그 마음으로써 그대로 주군(主君)을 대하기 때문에 진실로 충의의 도에 맞는 것이다. 때문에 충신을 구함에도 반드시 효자의 문(門)에서 한다고 함은 결코 잘못된 말이 아니다.

또 형을 섬김에 있어서 제순(悌順)한 자는 그 마음으로써 곧장 연장자를 대하기 때문에 장유의 순(順)을 밝게 할 수가 있다.

일찍이 유자(有子)는 다음과 같이 말하였다.

"효성이 있고 우애가 있는 사람으로서 윗사람에게 도리에 벗어난 짓을 하는 사람은 드물다. 그리고 윗사람에게 도리에 벗어난 짓을 하지 않는 사람으로서, 법을 어기고 사회의 질서를 문란하게 하는 사람은 여지껏 없었다. 군자는 기본(基本)이 되는 일에 힘을 쓰며, 또 모든 일에는 기본이 확립되어야 도가 생겨난다. 효성과 우애란 바로 인(仁)을 실천하는 기본이다."

또 맹자도 일찍이 말하기를, "천하의 근본은 나라에 있고 나라의 근본은 집에 있고, 집의 근본은 그 몸에 있다."고 하였는데, 이 말은 이 장의 요지와 같은 것이다.

즉 군자가 그 어버이를 섬기는 데 있어서 효성을 다하듯이 그 마음을 임금에게 옮기면 곧 충성이 되고, 형을 섬기는 아우의 마음 그대로 밖에 나가 다른 장상(長上)을 섬기면 공순(恭順)하게 된다.

집안에서 이런 정신으로 집안 사람을 대하니 집안은 잘 다스려지게 마련이고, 그런 사람이 나라를 다스리면 천하는 평정하게 되어갈 것이다.

모름지기 군자는 첫째 자신의 몸을 삼가고, 그 다음에는 집안을 다스리고, 그런 태도로써 밖에 미치기 때문에 안팎으로 한 점의 잘못도 찾아볼 수 없게 되는 것이다.

이렇게 하면 자연히 백성이 숭앙하는 표적이 되고, 그리하여 그 이름은 길이 백성의 머리에서 떠나지 않게 되는데, 그 몸은 비록 죽더라도 그 언행은 영원히 백성의 사표로서 역사에 남게 되는 것이다.

그런데 어버이와 군주를 섬기는 데에는 그 섬기는 방법에 있어서 주의할 점이 있다.

어버이를 섬기는 사람은 각자의 자식들로 국한되어 있다. 그러나 임금을 섬기는 신하는 많다. 그러기에 자연히 현실 문제가 따르는 것이다. 도가 지나치게 충성을 다하면 오히려 다른 사람의 비난을 사기 일쑤다. 뿐만 아니라 자칫 잘못하면 아첨꾼으로 몰리게 된다.

친구를 사귀는 데에도 마찬가지다. 너무 번잡스럽게 굴다가는 오히려 사이가 더 멀어지게 된다. 너무 지나치다든지 과장해서 섬기다 보면 더욱더 큰 곤욕을 당하는 수가 있는 것이다.

그러기에 일찍이 유자가 말하기를, "군왕을 섬기는 일에 그 도를 넘으면 오히려 욕이 되고, 친구를 사귀는 데 그 도를 넘으면 오히려 사이가 멀어지게 된다."고 하였다.

규문장(閨門章)

아버지께서 부르시거든 즉시 대답하여 머뭇거리지 말며, 음식이 입에 있거든 이를 뱉어야 한다. 아버지가 살아 계실 때에는 그 뜻을 살펴보고, 아버지가 돌아가신 후에는 3년 동안 아버지가 하시던 일을 바꾸지 말아야 비로소 효자라고 할 수 있는 것이니라.

공자께서 말씀하셨다.

"집안에서도 예의가 갖추어져야 하느니라. 엄한 아버지와 엄한 형이 있으니, 처자(妻子)나 신첩(臣妾)은 백성과 심부름하는 사람 같은 것이니라."

原文 子曰 閨門之內에 具禮矣乎야 嚴親嚴兄하니 妻子臣妾은 繇百姓徒役也라

註 **규문**(閨門) 침실 안. 여기서는 집안. **구례**(具禮) 예의가 정연하게 서 있는 것. **엄친**(嚴親) 엄격한 아버지. 여기서는 단순히 아버지라는 뜻이다. **엄형**(嚴兄) 형의 존칭. **신첩**(臣妾) 하인이나 노비를 말하는 것. **요**(繇) 유(由)와 같은 글자로 쓰인다. 같다〔如〕의 뜻. **도역**(徒役) 부역. 부역에 징발된 사람.

解義 규문(閨門) 안은 처자와 신첩이 있는 곳으로, 자칫하면 은혜에 젖어 사랑을 믿고 친애의 정분에 흐르기 쉬운 곳이다. 그러나 규문 안을 다스리는 일도 한 나라를 다스리는 이치와 마찬가지이므로, 집안 사람에 대해서도 관(官)을 다스리는 의례에 의거해야 할 것이다.

치국(治國)과 제가(齊家)는 그 척도가 같은 것이다. 아버지를 공경하고 형을 높이는 것은 효제의 도이며, 그것이 임금을 섬김에 있어서는 충순(忠順)이 되는 것이다. 이 충순

은 국가 사회의 중요한 도(道)다.

가정에 있어서의 처자·신첩(하인이나 노비)은 국가에 있
어서의 백관·가신(家臣) 등의 관계와 같다. 아버지는 엄군
이며, 형은 존장이며, 처자·신첩은 백성이나 심부름하는 사
람들인 셈이다. 그러므로 가정의 권속(眷屬)을 지도하여 각
각 그 직분을 다하게 하기 위해서는 군주가 백관을 통어하
는 그 예를 갖추고 있어야 한다. 곧 치국의 주요한 도는 규
문 안에 존재하고 있다 할 수 있다.

參考 이 장에서는 나라를 다스리는 도를 가정에도 베풀 것
을 설명한 것이다.

가정에 있어서는 아버지와 형을 가장 존경하도록 하라고
하였다. 그리고 그밖의 처자나 신첩은 보통 사역되는 백성
을 다스리듯 하라고 한 것이다.

같은 형제이면서도 형은 높이고 동생은 낮추어야 한다.
이것은 중국이나 우리 나라가 부계(父系) 사회이기 때문에
가문의 대를 잇기 위해서라고 한다면 수긍이 가는 일이지
만, 어머니의 위치가 장남보다 하위에 있다는 것은 어째서
일까?

남존여비(男尊女卑)의 유교 사상 때문이겠지만, 어버이의
한쪽을 그가 낳은 자식의 밑에 둔다는 것은 도저히 납득이
가지 않는 일이다.

공자의 시대에는 여자는 무지(無知)한 존재였으므로, 어
머니를 사랑은 하지만 존경의 대상으로는 생각하지 않았던
것일까. 그것도 본처일 경우에는 그런대로 사람 대접을 하
였지만, 첩에 이르러서는 그저 자식을 낳는 도구로밖에 여
기지 않았다. 본처에게는 물론 자식들에게까지도 하대(下待)
를 받았으며, 생모이면서도 마치 고용된 사람 같은 대우를

154

받았다. 이렇듯 첩들은 자식을 낳고서도 형편없는 대접을
감수해야 했던 것이다.

그 한 예를 들어보겠다.

노나라의 자류(子柳)의 어머니가 돌아가셨다. 그 아우인
자석(子碩)이 자류에게 장구(葬具)를 사야겠다고 하였으나
집이 가난하여 장구를 살 돈이 없었으므로, 자류는 아우에
게 무엇으로써 이를 구할 것이냐고 반문하였다.

자석이 대답하기를, "서제(庶弟)의 어미를 팔아서 이를
구하려고 합니다." 하였다.

이에 자류가 말하기를, "어찌 남의 어머니를 팔아서 내
어머니의 장사를 치를 것이냐?" 하고 불가함을 타일렀다고
한다.

자류였기에 그 서모를 팔지 않았던 것이지, 일반 사람들
은 그 아비가 데리고 살던 첩 같은 존재는 금전적인 거래
를 해도 무방하다고 생각하였음을 알 수 있다.

간쟁장(諫爭章)

　　어버이를 섬기되 허물이 있거든 은근히 간(諫)하여 뜻을 거스르지 말아야 한다. 따르지 않더라도 공경과 효도의 마음을 일으켜 다시 간한다. 기뻐하지 않더라도 향당주려(鄕黨州閭)에 죄를 짓게 하기보다는 귀에 젖도록 간하고 더욱 부모님을 공경하여 수고로워도 원망해서는 안되느니라.

　　증자가 여쭈었다.

　"자애(慈愛)와 공경으로써 어버이를 편안케 해드리고 이름을 날리는 것에 대해서는 삼(參)이 이미 가르침을 들었습니다. 감히 여쭈옵건대, 자식으로서 아버지의 명령을 좇기만 하면 효(孝)라 할 수 있습니까?"

　　공자께서 말씀하셨다.

　"삼이여, 그게 무슨 말인가? 그게 무슨 말인가? 지금까지 내 말을 제대로 파악하지 못했단 말인가. 옛날에 천자는 다투어 간하는 신하 일곱을 두면 비록 자신이 무도(無道)하다 하더라도 그 천하를 잃지 않았고, 제후는 다투어 간하는 신하 다섯만 두면 비록 자신이 무도하다 하더라도 그 나라를 잃지 않았으며, 대부(大夫)는 다투어 간하는 신하 셋만 두면 비록 자신이 무도하다 하더라도 그 집안을 잃지 않았느니라. 그리고 사(士)에게 다투어 간하는 벗이 있으면 그 몸에서 아름다운 이름이 떠나지 않을 것이며, 아버지에게 다투어 간하는 자식이 있다면 불의에 빠지지 않을 것이니라. 그러므로 의롭지 않은 일에 당면하면 자식으로서 아버지에게 다투어 간하지 않으면 안되고, 신하로서는 임금에게 다투어 간하지 않을 수 없는 것이니라. 그러므로 의롭지 않

은 일에 당면하면 다투어 간하여야 하는 것이니, 아버
지의 명령만 좇는다 하여 어찌 효가 이루어지겠는가?"

原文 曾子曰 若夫慈愛襲敬하여 安親揚名은 參이 聞命矣이
라 敢問하나니 子從父之命可謂孝乎이까 子曰 參是何言與아
是何言與아 言之不通邪아 昔者에 天子有爭臣七人이면 雖
亡道不失天下요 諸侯有爭臣五人이면 雖亡道이나 不失其國
이요 大夫有爭臣三人이면 雖亡道이나 不失其家이요 士有爭
友이면 則身不離於令名이요 父有爭子이면 則身不陷於不誼
라 故로 當不誼이면 則子不可以不爭於父요 臣不可以不爭
於君이라 故로 當不誼하면 則爭之라 從父之命이 又安得爲
孝乎리요

註 약(若) 같다는 뜻. 이와 같은. 공경(襲敬) 공경(恭敬)하다. 양명
(揚名) 이름을 높이는 것. 석자(昔者) 옛날. 자(者)는 조사. 쟁
신(爭臣) 임금의 잘못에 대하여 바른말로 꿋꿋하게 간(諫)하는
신하. 망도(亡道) 도에 어긋난 행위를 하는 것. 무도(無道). 쟁
우(爭友) 친구의 잘못을 충고하는 벗. 영명(令名) 상대방의 이
름의 경칭. 좋은 명예. 쟁자(爭子) 부모의 잘못을 간하는 아
들. 불의(不誼) 불의(不義)와 같다. 바르지 못한 일.

解義 증자가 지금까지의 공자의 가르침을 경청하고 난 뒤
에 말하였다.

"자애와 공경으로써 어버이를 편안케 해드리고 이름을 날
리는 것에 대해서는 잘 알았습니다. 그러면 한 가지 여쭤
볼 일이 있습니다. 아버지의 명령이라면 어떠한 일에나 따
르는 것을 효라 할 수 있겠습니까?"

그 질문에 대하여 공자께서 말씀하셨다.

"삼이여, 무슨 질문을 하는 것인가, 참으로 어이없는 것을 묻는구나. 내가 지금까지 한 말의 주지(主旨)가 너에게는 통하지 않았던가. 천자에게 다투어 간하는 신하 일곱이 있으면 설사 도를 그르치고 부정한 일을 하고 있을지라도 천하를 잃는 일은 없다. 제후에게 다투어 간하는 신하 다섯이 있으면 그 정치가 어지럽더라도 나라를 멸망시키는 일은 없다. 대부에게 다투어 간하는 신하 셋이 있으면 설사 집을 잃는 일과 같은 실태를 저지르더라도 이를 미연에 방지할 수 있다. 그리고 선비에게 다투어 간하는 벗이 있으면 지금까지의 이름을 더럽히지 않고도 살아갈 수가 있다. 그리고 아버지에게 다투어 간하는 자식이 있으면 그 아버지는 불의를 하였다는 조소를 받지 않게 된다. 아무리 아버지가 존엄하고 그 명령이 강력한 것이라 할지라도 그것이 정의와 인도에 입각한 바른 명령이어야만 그 힘이 용인되는 것이다. 도에 벗어난 불의의 명령에는 단호히 간하지 않으면 안 되는 것이다.

그와 마찬가지로 신하도 임금에 대하여 간하지 않으면 안된다. 의와 불의를 가리지 않고 아버지의 명령이라면 무조건 따른다고 해서 어찌 참된 효도라 할 수 있겠는가?"

參考 불의와 불합리한 일을 그대로 이루도록 하는 것은 효를 해치는 것으로서 도리상 용납할 수 없는 일이다. 옛날 천자에게는 삼공(三公) 및 좌우 전후에서 모시고 보필하는 신하가 일곱 사람이나 있었다. 이러한 사람들은 만일 천자에게 과실이나 비행이 있을 경우 극력 간쟁(諫爭)하여 그런 일을 행하지 못하도록 하였다. 그러므로 일시적인 천자의 무모한 행동이 있다 하더라도 천하를 잃어 그 몸을 멸하지 않고도 그 과오를 넘길 수 있었던 것이다.

또 제후의 경우도 마찬가지였다. 쟁신(爭臣)이라 할 수 있는 그 나라의 세신(世臣) 경대부가 다섯 사람이나 있었는데, 제후에게 무도한 행위가 있다 하더라도 이를 극력하게 간하였으므로 그 나라를 잃는 데까지는 이르지 않을 수 있었다.

대부에게도 또 가재(家宰) 같은 보좌역(輔佐役)이 세 사람이나 있어서 주인에게 무도한 행위가 있으면 이를 간하여 선도했으므로, 그 집을 잃는 데까지는 가지 않았다.

또 선비 계급의 사람들에게도 바른말을 하는 벗이 있다면, 서로 충고하고 선도하기 때문에 과실도 생기지 않고 항상 영명(令名)이 그 몸을 떠나지 않는다.

그리고 일반 사람들에게 있어서도 그 아버지에게 불의·무도한 일이 있을 때, 자식된 자가 지정(至情)을 다하여 온건하게 간하면 어버이도 자각하여 불의의 궁지에 떨어지는 일은 없을 것이다. 이것이 효자가 어버이를 대하는 도(道)인 것이다.

《논어》에서도 공자는 이 문제에 대하여 언급한 바 있다.

부모를 섬기는 데 있어서 부모의 잘못을 보더라도 직접적으로 말하지 말고 은근히 간하여야 한다고 하였다.

공자는 군(君)·사(師)·부(父)를 섬기는 데 대하여 다음과 같은 말을 하였다.

"어버이를 섬김에는 조용히 간하는 일이 있되 얼굴을 범하여 간하는 일이 없고, 임금을 섬김에는 얼굴을 범하여 간하는 일이 있되 온화하게 간하는 일이 없느니라. 스승을 섬김에는 얼굴을 범하여 간하는 일이 없고, 또 온화하게 간하는 일도 없느니라."

그러나 인(仁)을 주장함에 있어서는 스승일지라도 양보하지 말라고 하였다. 학문적인 일에 대해서는 사양하지 말고 토론할 수 있다고 가르쳤던 것이다.

사람이라면 누구나 과오를 범하게 마련이다. 부모도 사람인 만큼 과실을 범하지 않는다고 말할 수 없다. 그러나 이러한 과실을 아랫사람이나 자식들이 보았을 경우, 비록 간할 수는 있지만 어버이를 난처하게 만들어서는 안된다. 어버이의 마음이 상하지 않도록 부드러운 말로 은근히 이해시켜야 한다.

한편 윗사람에게 간하는 것은 여간 조심스러운 것이 아니다. 윗사람이란 아랫사람에게 무리한 명령을 하는 수가 많다. 그러나 이런 경우 부자 간이라면 서로 아끼는 정이 두텁게 마련이므로, 대개는 간하는 방법에 다소의 잘못이 있다 하더라도 무사히 넘어가게 된다. 그러나 남남 사이의 간언이라면 참으로 무서운 결과를 낳는 수가 있다. 가령 간언을 받는 사람이 상관일 경우, 잘못하면 오해를 받게 되어 더러는 파면도 되고 경원당하게 될 수도 있다.

간한다는 것은 필요한 일이나 이처럼 곤혹스러운 결과를 낳는다. 그리고 간언을 듣는 일은 더욱 어려운 일이며, 뛰어난 인격자라야만 이를 용납할 수 있는 것이다.

한편 현대의 교육은 그저 기능을 가르치는 것에 그치며 인격의 수양과는 동떨어져 있는 형편이다. 옛날의 학문은 과학과는 멀었고 인격의 양성에만 집중하였다. 그러므로 한학자(漢學者)의 대부분은 자신을 반성하는 일에도 엄격하였지만, 다른 사람에 대해서도 엄격하였다.

과불급(過不及)의 진리를 들어 공자는 그 편중함을 경고하였다. 효라 할지라도 경(敬)과 애(愛)를 겸비하지 않으면 안된다고 가르치고 있다. 그런데도 후세의 학자는 공경을 설명하면서 사랑을 잊고 있다. 사랑을 느끼고 있으나 공경을 먼저 하기 때문에 사랑이 공경에 압도되어 버린 셈이다.

　청소년들의 심성은 공경보다도 사랑을 구하는 경향이 있으므로 사랑이 앞서는 공경이 아니면 마음에서 따르지 않는 법이다.

　그 결과 많은 무리를 낳았다. 엄격한 가정의 자녀들 중에는 불량한 친구들과 어울리는 경우가 많은데, 이것은 가정 내에서 사랑의 표현이 부족했기 때문이다. 너무 엄격하기만 하면 아버지를 간하려 해도 질책이 무서워서 간할 수가 없는 법이다.

　그렇다고 사랑을 앞세워 자유방임주의에 가까운 교육을 베풀면 그것은 더욱 위험한 것이라 아니할 수 없다.

사군장(事君章)

　　어버이는 은혜를 주로 하지만 군신(君臣) 간에는
경(敬)을 주로 한다. 따라서 마음으로 친애하니 멀리
떨어져 있다 해도 멀어지지 않고, 마음속에 언제나
품고 있으니 어느 날인들 잊을 수 있으랴.

공자께서 말씀하셨다.

"군자가 임금을 섬김에 있어서 임금 앞에 나아가서는
충(忠)을 다할 것을 생각하고, 집으로 물러나서는 잘못
을 고칠 것을 생각하며, 임금의 아름다운 뜻에는 순종
하고 임금의 그릇된 생각은 바로잡아 주는 것이니라.
그리하여 위아래가 서로 친애(親愛)하게 되는 것이니
라. 시(詩)에 이르기를, '마음으로 친애하니 멀리 떨어져
있어도 멀어지지 않고, 마음속에 언제나 품고 있으니,
어느 날인들 잊을 수 있겠느냐.'고 하였느니라."

原文 子曰 君子之事上也에 進思盡忠하고 退思補過하고 將
順其美匡救其惡이라 故로 上下能相親也라 詩云 心乎愛矣
하면 遐不謂矣하고 忠心藏之하니 何日忘之리오 하니라

註 상(上) 임금. 진(進) 출사(出仕)하는 것. 진충(盡忠) 충성을 다
하는 것. 퇴(退) 군전(君前)에 있지 않는 것. 보(補) 부족을 채
운다는 뜻으로, 여기서는 과실을 고치고 모자라는 곳을 보충하
는 것을 말한다. 과(過) 한도를 벗어난 것. 장순(將順) 장(將)
은 실행한다는 뜻. 순(順)은 따른다는 뜻이므로, 주군의 아름다
운 행동에 대해서는 주군으로 하여금 더욱 그 좋은 점을 행하게
하고 자신도 그 행동에 따라가는 것을 말한다. 미(美) 좋은
점. 광구(匡救) 광(匡)은 바로잡는다는 뜻. 즉 악한 일을 못하

게 하여 구원하는 것을 말한다. **하(遐)** 요원(遙遠). 아득히 먼
것. **장(藏)** 속에 넣어두다. **하일(何日)** 어느 날인들.

解義 군자가 주군을 섬길 때에는 그 앞에 출사해서는 충의
를 다하려고 노력하며, 집에 돌아가거나 집무실에 물러가서
는 자기의 언행이 충의의 도에 벗어나지나 않았는가, 잘못
된 일이나 지나친 일은 없었는가, 반성에 반성을 거듭하여
과실이 있으면 즉시 고쳐야 하는 것이다. 그리하여 부족한
점이 있으면 곧 그것을 보충하려는 마음을 가져야 한다.

또한 임금이 항상 선정을 베풀어서 선행을 하도록 만들
고, 선한 일이 있으면 임금의 행동을 표본으로 하여 자신의
행동을 연마하며, 주군에게 좋지 않은 마음이나 행위가 있
으면 그것을 그만둘 수 있도록 애를 쓴다. 그렇기 때문에
상하가 서로 친해질 수 있는 것이다.

그러나 '좋은 약은 입에 쓰다'는 격언과 같이 그러한 일도
사랑이라는 것이 앞서지 않고서는 상하가 사로 친하게 되
는 일을 바랄 수 없다.

이 장에서 인용한 《시경》의 구절은 충심으로 사랑을 느
끼고 있으면 멀리 헤어져 있어도 잊지를 않으며, 충성심이
가슴 깊이 새겨져 있으면 잠시도 주군을 잊을 수 없다는
뜻이다.

參考 이 장은 신하가 임금을 섬기되 어떻게 섬겨야 하는가
를 설명한 내용이다.

안으로는 부자, 밖으로는 군신, 이 두 가지는 사람의 대륜
(大倫)이다. 부자는 은혜를 주로 하지만 군신 간에는 경(敬)
을 주로 한다. 그래서 공자가 말하기를, "군자가 임금을 섬
김에 있어서 조정에 나아가 측근에서 보필할 때에는 성의

를 바쳐 임금을 위하는 길이 되도록 국사를 도모하고, 성안(聖顔)을 범하더라도 선(善)을 밝혀서 도를 지킬 것을 염두에 두어야 한다."고 하였다. 또 물러나 사가(私家)에 돌아가더라도 임금의 과실이나 결점에 대해서는 어떻게 보충할 것인가, 어떻게 그 비(非)를 바르게 할 것인가에 항상 주의를 한다. 임금에게 착한 뜻이 있으면 이를 권장하여 그 뜻이 성취되도록 마음을 쓰고, 악한 마음이 있으면 간언하여 그 마음이 발현되지 않도록 힘쓰는 것이다.

이와 같이 나라의 지도자를 보좌하는 사람은 윗사람을 이끌되 선으로 하고, 부족함을 보충하여 실패에 이르지 않도록 해야 한다.

오늘날에도 나라에 충성하는 원리나 통치자를 받드는 진리에 있어서는 2000 수백 년 전에 쓴 이 사군장(事君章)에 더 첨가할 것이 없다.

나라를 진실로 사랑하고 통치자를 진심으로 위한다면 통치자의 악을 바르게 구해야 하는 것이다. 그러므로 성심으로 그 사람을 사랑하고 공경한다면 그 사람을 위하여 간언하지 않을 수 없다.

상친장(喪親章)

  살아 계실 때에는 예로써 섬기고, 돌아가신 뒤에는
예로써 장사지내며, 예로써 제사지낼지어다. 조상에
게 제사지내되, 조상이 살아 계신 것같이 할 것이며,
신에게 제사지내되, 신이 있는 것같이 할지니라.

공자께서 말씀하셨다.

"효자가 어버이의 상을 당하면 곡을 하되 쓸데없는 소리를 내지 않고, 예(禮)를 함부로 하지 않으며, 말을 번잡스럽게 하지 않으며, 좋은 옷을 입어도 몸이 불편하고, 음악을 들어도 즐겁지 않으며, 맛있는 음식을 먹어도 입에 달지 않으니, 이것은 슬퍼하고 서러워하는 정 때문이니라. 사흘 만에 음식을 먹는 것은 백성들에게 죽은 이 때문에 산 사람을 상하게 하지 않아서 나머지 목숨을 잃지 않도록 가르치기 위함이니, 이것이 성인의 정치이니라. 복상(服喪)을 3년 넘지 않게 함은 백성들에게 끝이 있음을 보여주려는 것이니라. 관(棺)과 덧관과 의금(衣衾)을 만들어 장사지내고, 그 제기(祭器)를 벌여 슬퍼하며, 가슴을 치고 발을 구르며 곡을 하여 슬프게 지내며, 택조(宅兆)를 골라 편히 모시며, 종묘를 만들어 귀신을 섬기며, 봄과 가을로 제사지내어 때때로 사모하는 것이니라. 살아서는 사랑과 공경으로 대하고, 죽어서는 슬픔과 설움으로 섬기는 것이니, 이로써 인간의 근본을 다하는 것이며, 죽고 사는 의리(義理)가 갖추어지는 것이니라. 이로써 효자로서 어버이를 섬기는 일이 끝났다 하는 것이니라."

原文 子曰 孝子之喪親也에 哭不偯하고 禮亡容하고 言不文하고 服美不安하고 聞樂不樂하며 食旨不甘하니 此哀戚之情也라 三日而食은 教民亡以死傷生也라 毀不滅性은 此聖人之正也라 喪不過三年은 示民有終也라 爲之棺椁衣衾以擧之하고 陳其簠簋하여 而哀戚之하며 哭泣擗踊하여 哀以送之하고 卜其宅兆하여 而安措之하고 爲之宗廟하여 以鬼享之하고 春秋祭祀하여 以時思之라 生事愛敬하고 死事哀戚하면 生民之本盡矣요 死生之誼備矣라 孝子之事終矣라

註 상(喪) 사별(死別). 상친(喪親)한다는 것은 상(喪)을 입는 것이므로, 여기서는 어버이가 돌아가신 상중의 행사를 가리키고 있다. 곡(哭) 슬퍼서 큰소리를 내어 우는 것. 불의(不偯) 의(偯)는 길게 울음소리를 내는 것. 따라서 불의는 깊이 슬퍼하여 오열하되 울음소리를 길게 끌지 않는 것을 말한 것이다. 망용(亡容) 용(容)은 일부러 위의를 바르게 하는 것이므로, 즉 자용(姿容)을 돌보지 않는 것이다. 언불문(言不文) 말수가 대단히 적은 것. 복미(服美) 고운 의복을 입는 것을 말한다. 불락(不樂) 즐기지 않는 것. 식지불감(食旨不甘) 맛있는 음식도 단 줄 모르는 것. 애척(哀戚) 사람의 죽음을 서러워하다. 상생(傷生) 생명을 해치는 것. 훼(毀) 무너뜨림. 여기서는 슬픔으로 야위는 것을 말한다. 성(性) 사람의 타고난 성질. 여기서는 수명(壽命)을 말한다. 관곽(棺椁) 관과 덧널. 즉 외관(外棺). 관은 시체를 넣는 널이고 곽은 덧널이다. 의금(衣衾) 의복과 금침(衾枕). 여기서는 시체에 입히는 옷이나 금침을 말하는 것. 진(陳) 늘어놓는 것. 보궤(簠簋) 제사지낼 때 쓰는 제기(祭器). 보(簠)는 밖이 네모지고 안이 둥글며, 궤(簋)는 밖이 둥글고 안이 네모진 것으로, 보나 궤는 다 같이 서직(黍稷)을 담는 제기. 벽용(擗踊) 여자는 손으로 가슴을 치고 남자는 뛰어오르며 슬퍼하는 것. 복(卜) 거북의 등껍데기를 불에 그슬리어 그 갈라진 금으로 길흉화복을 판단하는 일. 여기서는 좋은 자리를 점쳐 정하는 것. 택조(宅兆) 무덤. 택은 묘혈(墓穴), 조는 영역(塋域). 조지(措之) 안치하

170

다. **종묘**(宗廟) 역대의 신주를 모신 제왕가의 사당. 옛적에는
사서인의 사당을 종묘라고 하다가 후세에 이르러서 대부 이하
의 사당을 가묘(家廟)라 일컫게 되었다. 국가·천하라는 뜻으로
도 쓰인다. **귀**(鬼) 귀신. **향**(享) 제사 드리는 것. 향사(享祀)를
말한 것이다. **이시사지**(以時思之) 때때로 추억하며 제사지내
다. **생사**(生事) 살아서 섬기는 것. **사사**(死事) 죽은 후에 섬기
다. **생민지본**(生民之本) 인간으로서 지키지 않으면 안되는 도덕
의 근본. **진의**(盡矣) 전부 다 행하는 것. **사생지의**(死生之誼)
생전 혹은 사후에 대한 예의를 말하는 것. **비의**(備矣) 여기서
는 완전히 예의를 행할 수 있다는 뜻. **종의**(終矣) 모든 것을 다
하였다는 뜻.

[解義] 효자가 어버이를 여의면 물론 곡을 하게 되는데, 그
슬픔이 너무 커서 울음소리조차 나오지 않고 목이 메어 흐
느끼며, 또 그 용모나 옷차림에 위의(威儀)를 정제(整齊)하
지 못하고, 말수가 적어지고, 좋은 옷을 입는다 하더라도 마
음이 편안치 않으며, 음악을 들어도 전과 같이 즐겁지 않
고, 아무리 맛있는 것을 먹어도 맛있는 줄을 모르는데, 이토
록 세상일에 즐거움이 없는 것은 애도하는 정이 크기 때문
이다.

그러나 언제까지나 슬픈 생각에 얽매어 생을 포기할 수
는 없는 것이다. 친상을 당한 하루 이틀은 애통한 나머지
식음을 들지 않을 수도 있지만, 사흘쯤 되면 역시 음식을
먹어야 한다. 그러므로 옛 성왕들은 이미 죽은 사람 때문에
산 사람마저 상하는 일이 없도록 하기 위해서 사흘째에는
반드시 음식을 취하도록 가르친 것이다. 그리하여 슬픔으로
몸이 야위어 생명을 잃지 않도록 하였으니 이것이 성인의
정도(正道)다.

또한 복상하는 기간은 3년을 초과하지 못하도록 하였는

데 이것 또한 백성에게 모든 일에는 끝이 있음을 보인 것
이다. 그런데 3년상을 지내는 동안 처음에는 관곽(棺槨)을
만들고, 또 의금(衣衾)으로써 대소렴(大小殮)하여 이를 안치
하고, 그런 후에 보궤(簠簋)를 진설(陳說)하여 제사를 지내
면서 이를 슬퍼한다. 제사를 지낼 때에는 그 자손들은 혹은
곡읍(哭泣)하고, 혹은 가슴을 두드리고, 혹은 발을 구르면서
슬퍼하고 이를 장송(葬送)한다. 또 어버이의 묘소를 점쳐서
길한 곳을 택정(擇定)하여 이를 안장(安葬)하고, 다시 종묘
를 만들어서 이제는 유계(幽界)에서 신(神)으로 화한 조상
을 공경하는 마음으로 엄숙하게 제향(祭享)한다. 그리고 봄
·가을, 철이 바뀔 시기를 정하여 제사를 지내고, 돌아가신
날에 기일제(忌日祭)를 지내면서 기회 있을 때마다 돌아가
신 이를 추모한다.

　이와 같이 생존해 계실 때는 공경과 사랑을 다하여 어버
이를 섬기고, 사후에도 또한 지극한 슬픔과 설움으로 이를
추모한다.

　이렇게 해서 만백성은 인간으로서 마땅히 행해야 할 본
분을 모두 다 완수하는 것이고, 어버이에 대한 모든 예의를
완성하는 것이다. 이와 같이 함으로써 효자로서 마땅히 해
야 할 모든 예를 비로소 마무리하는 것이다.

<u>參考</u> 삼일이식(三日而食)에 대하여 생각해 보기로 하자. 삼
일이식은 3일이면 음식을 들어야 한다는 말이다. 부모를 잃
은 슬픔으로 보아서는 부모를 따라 같이 죽고 싶은 자식들
도 있을 것이다. 그러나 3일째 되면 모든 슬픔을 참고 차마
목에 넘어가기 어려운 음식을 억지로라도 먹어서 성(性),
곧 생명을 유지해야 한다는 뜻이다.

　그러나 성현의 가르침을 따르기 위하여 진심이 아닌 가

장된 정신으로 형식이나 체면에 구애되어, 누구나 일률적으로 억지로 배고픔을 참아 외관을 꾸미는 것은 선왕이 의례를 만든 정신과는 동떨어진 위선된 행위다.

여기에서 말하는 삼일이식은 너무 슬퍼서 생리적으로 음식이 넘어가지 않는 자연현상을 말한 것이지, 3일간을 절식하라는 제한 사항은 아니다.

《예기(禮記)》 단궁상(檀弓上)에 증자와 자사(子思)가 삼일이식에 관하여 나눈 다음과 같은 문답이 있다. 증자는 공자의 제자다. 자사는 그 증자의 제자이며 공자의 손자다.

증자가 말하기를, "급(伋 : 자사의 이름)이여, 내가 친상(親喪)을 당하였을 때 7일까지도 수장(水漿)이 전혀 넘어가지를 않았다."고 하였다.

자사가 말하기를, "선왕이 예를 제정했음은 중정(中正)을 기준으로 하기 위한 것으로서, 중정보다 지나친 것은 머리를 숙여 이에 따르고 중정에 이르지 못한 것은 발돋움을 하여 이에 미치게 하는 것이 아닙니까. 그렇기 때문에 군자가 친상을 집행할 때 수장을 입에 넣지 않음이 3일이었고, 이러한 선왕의 제도는 3일 만으로도 지팡이로써 부지하여 겨우 일어날 수 있는 것입니다."고 하였다.

자사의 이 대답을 풀어보면 '3일에도 그 몸의 쇠피(衰疲)함이 이러하니 7일에 이르러서는 그 쇠피함이 극에 달할 것입니다. 이는 부모의 유체(遺體)를 손상케 하는 것이며, 자신의 생명을 상하게 하는 것과 가까운 일이니, 어찌 선생님의 말씀일지라도 이에 따르겠습니까?' 하고 은근히 증자의 말을 공박한 것이다.

또 복상에 대해서는 3년의 기간을 붙여서 백성에게 그 유종의 마무리를 지을 것을 권하였다. 물론 상기(喪期)가 끝났더라도 효는 끝나는 것이 아님은 확실하지만, 그곳에 단락을 지어 이를 제한하여 3년으로 한 것이다.

　이 3년상에 대해서는 오늘날에 와서는 물론이지만, 공자가 살아 있을 때조차 그 기간을 두고 논의가 분분하였다.

　그 한 예를 여기에 들어보겠다.

　노나라의 어떤 사람이 아침에 대상(大祥)을 치르고 저녁에는 노래를 불렀다. 이때 자로(子路)가 그 사람이 예를 알지 못한다고 비웃었다. 이때 공자가 이를 보고 다음과 같이 말하였다.

　"유(由)야, 저 사람이 만약 3년 동안을 복상하지 않았다면 이를 책할 수 있지만, 지금 이 사람은 이미 3년상을 끝냈다. 그런데도 너는 이를 책하니, 너는 사람에게 죄주는 바가 너무 심하지 않은가. 3년상은 그 세월을 계산하건대 참으로 길다. 그러므로 사람들이 모두 이를 폐하는데도 이 사람만은 진실로 이를 행하였으니, 어찌 느끼지 않을 수가 있으랴."

　공자는 남을 책하는 자로의 가혹함을 경계하여 이와 같이 훈계하였다. 그러나 또 일면으로는 자기의 말을 과신하여 제자인 자로가 3년 복상 문제를 오해하지 않을까 하여, 공자는 정례(正禮)로써 다음과 같은 설명을 덧붙였다.

　"그 사람이 떳떳하게 노래를 할 수 있는 날이 그다지 먼 것도 아니었는데. 다음달에 이르면 마음놓고 노래할 수 있었으련만."

　아무튼 3년상을 치른 것은 가상한 일이나, 탈상의 달을 넘기지 못하고 그 날로 노래한 것은 하자가 있다고 말한 것이다.

　우리는 공자의 말씀에 대하여 몇 가지 느끼는 바가 있다. 곧 "3년 상은 그 세월을 계산하건대 참으로 길다."고 한 대목과 "사람들은 모두 이를 폐하는데도"라는 대목을 보라.

　공자는 3년상을 적극 지지한 분이지만 너무 길다는 것만
은 시인하였던 것이다. 그리고 선왕의 가르침이기는 하지만
공자가 살아 있던 때에도 이같이 3년상을 지키지 않는 사
람이 많았다는 것도 알 수 있다.

　그러므로 탈상을 하고 저녁 때 노래한 사람의 예는 풍자
의 의도가 아닐까? 어딘지 모르게 3년은 너무 길다는 뜻이
함축되어 있고, 3년간을 복상한 뒤의 허탈감 같은 것을 느
끼게 한다.

　상불과삼년(喪不過三年)이란 어디까지나 복상 기간이 3년
을 넘을 수 없다는 것이지, 꼭 3년을 채우라는 것은 아니
다. 그러므로 형편에 따라 3년 내에 끝낼 수도 있다는 것은
아닐까?

　아무튼 3년의 복상 기간은 예나 지금이나 길다는 것만은
부인할 수 없는 사실이다.

　다음에는 어버이가 돌아가셨을 때 관곽(棺槨)을 만들고
의금(衣衾)을 만들고 시체를 깨끗하게 씻은 다음 염의(斂衣)
를 입히고, 이를 들어 관에 거두고 금〔침와(寢臥)의 옷〕을
덮은 뒤에다 덧관에 거두어들인다. 이것을 납관이라고 칭한
다.

　그런데 중국에서는 옛날부터 후장(厚葬)하는 관습이 있어
서 부작용이 많았다. 베라는 베는 시체를 싸는 의금으로 바
닥이 나고, 재목은 관과 덧관의 재료로 쓰였기 때문에 나라
안의 베와 재목이 많이 소비되었다.

　그리하여 환공(桓公)은 이를 근심하여 재상인 관중(管仲)
에게 물었다.

　"포백(布帛)이 없어지면 적을 맞아 위장술에 쓸 폐장(蔽
帳)을 만들 수도 없고, 재목이 없어지면 성채를 쌓아 나라
의 수비를 할 수도 없는데, 백성들에게 습성화된 후장을 어

떻게 하면 금할 수가 있겠소?”

이에 관중이 대답하였다.

“무슨 일이든지 사람들의 행위란 명예를 위한 것이거나 그렇지 않으면 이익을 위한 것입니다.”

이 말을 들은 환공은 영을 내렸다.

“일정한 정도를 지나친 관이나 덧관을 만드는 자는 그 시체를 밖에 드러내어 욕보이고 또한 상주를 처벌하겠다.”

이후 제나라에서는 후장을 하는 관습이 근절되었다. 시체를 드러내는 것은 불명예이며 처벌된다는 것은 이롭지 못한 것이기 때문이다.

관전제(棺前祭)를 지낼 때 제기(祭器)에 음식을 차려 놓고 영전에 곡하는데도 망인(亡人)이 먹지 않음을 보고, 한층 더 슬픔을 느끼는 것이 상주의 심정일 것이다.

그러다가 출관의 때가 오면, 그것을 영원한 이별이라 생각하고 비통한 정이 가슴에 복바쳐, 여자는 가슴을 치면서 곡하고 남자는 발을 구르면서 우는 것이다. 이를 곡읍벽용(哭泣擗踊)이라 한다.

이 곡읍벽용에 대하여 어떤 사람은 말한다. 곡읍벽용은 효도의 과장된 몸짓이며 지나친 허례다. 조용히 애통하되 성심을 바치면 그것으로 족한 것이라고 주장하였다.

그러나 부모의 죽음을 당하여 곡용(哭踊)하는 것을 부끄럽게 생각하는 것은 그 죽음에 대한 절실감이 희박한 데에서 오는 것이다. 생전에 그 부모가 베푼 자애나 자식으로서 못다 한 불효를 생각하면, 방심한 채 가슴을 치고 발을 동동 구르면서 슬퍼하는 양상을 과장된 행위라고 할 수는 없는 것이다.

효자가 아닌 사람일지라도 부모의 시체가 든 관이 집을 나서는 마당에 어찌 체모를 갖추겠는가. 곡용을 하는 것이

인정일 것이다.

묘(廟)를 짓는 것은 3년상이 끝난 뒤의 일이고, 이때 위패를 그 묘에 옮기고 비로소 그 혼에 대하여 예를 다하여 제사하는 것이며, 상기는 끝났더라도 매년 기일에 제사지내는 것이다. 또 봄·가을에는 사철의 특산물로써 어버이를 생각하고 제사 드리는 것이다.

어버이에 대한 효도는 이같이 한 연후에야 비로소 다한 것이라 할 수 있다.

마지막으로 장례를 집행하는 데 관련되는 경제 문제에 대하여 언급하신 공자의 말씀을 들어보겠다.

자로(子路)가 어버이를 잃은 뒤, 빈한하여 능히 어버이를 섬길 수 없음을 한탄하였다.

"죄로구나, 빈한함이여! 내 빈한하였기에 어버이가 살아 계신 동안에는 충분한 효양을 다할 수가 없었고, 돌아가셨을 때는 예로써 장사지내지 못하였으니 한스럽도다."

공자는 자로의 이 넋두리를 전해 듣자 그를 위로하여 다음과 같이 말하였다.

"대저 효는 어버이의 뜻을 기리는 것을 주로 하는 것이지, 음식을 잘 차려 놓는 일은 아니다. 그러므로 가난하면 어버이에게 콩국을 드리고 물을 마시게 하였다 할지라도 크게 탓할 일이 아니며, 따라서 그 환락(歡樂)의 정을 다하게 하면 그것으로 족하다. 이것이 바로 효인 것이다. 또 예란 성경(誠敬)을 주로 할 것이지 그 의식은 가재(家財)의 유무에 따라 풍쇄(豊殺)할 수 있다. 그러니 염할 때에는 의관으로써 그 두수(頭首) 및 수족을 싸서 덧관에 넣지 않고 신속히 매장해도 좋다. 이것이 가재의 유무에서 드러나는 예법인 것이다. 너는 이미 그 효를 다하여 예를 극진히 한 것이다."

공자는 이와 같이 효도란 물질적으로는 가재(家財)의 유무, 곧 형편에 따라 하는 것이고, 어디까지나 성경(誠敬)이 주가 되는 것, 즉 정신적인 것이라고 하였다.

금문 효경(今文孝經)

사람의 신체와 머리털과 피부는 모두 부모에게서 받은 것이니, 감히 이것을 손상시키지 않음이 바로 효의 시작이다. 아버지 나를 낳으시고 어머니 나를 기르시니, 애닮다 부모님이시여, 나를 낳아 기르시느라 애쓰고 수고하셨도다. 그 은혜를 갚고자 한다면 넓은 하늘도 끝이 없네.

開宗明誼章 제1

仲尼居 曾子侍 子曰 先王有至德要道以順天下 民用和
睦上下無怨女知之乎 曾子避席曰 參不敏何足以和之乎
子曰 夫孝德之本也 孝之所由生也 復坐吾語女 身體髮膚
受之父母 不敢毀傷孝之始也 立身行道揚名於後世以顯父
母孝之終也 夫孝始於事親中於事君終於立身 大雅云 無
念爾祖聿修厥德

天子章 제2

子曰 愛親者不敢惡於人 敬親者不敢慢於人 愛敬盡於
事親而德敎加於百姓 刑於四海蓋天子之孝也 呂刑云 一
人有慶兆民賴也

諸侯章 제3

在上不驕高而不危 制節謹度滿而不溢 高而不危所以長
守貴也 滿而不溢所以長守富也 富貴不離其身然後能保其
社稷 而和其民人蓋諸侯之孝也 詩曰 戰戰兢兢如臨深淵
如履薄氷

卿大夫章 제4

非先王之法服不敢服 非先王之法言不敢道 非先王之德
行不敢行 是故非法不言非道不行 口無擇言身無擇行 言
滿天下無口過行滿天下怨惡 三者備矣 然後能守其宗廟蓋
卿大夫之孝也 詩曰 夙夜匪懈以事 一人

士 章 제5

資於事父以事母其愛同 資於事父以事君其敬同 故母取
其愛而君取其敬兼之者父也 故以孝事君則忠 以弟事長則
順 忠順不失以事其上然後能保其爵祿 而守其祭祀蓋士之
孝也 詩曰 夙興夜寐亡忝爾所生

庶人章 제6

因天之時就地之利 謹身節用以養父母 此庶人之孝也
故自天子以下至於庶人 孝無終始而患不及者未之有也

三才章 제7

曾子曰 甚哉孝之大也 子曰 夫孝天之經也 地之義也
民之行也 天地之經而民是則之 則天之明因地之利以順天

下 是以其敎不肅而成 其政不嚴而治 先王見敎之可以化
民也 是故先之以博愛 而民莫遺其親 陳之以德義而民興
行 先之以敬讓而民不爭 道之以禮樂而民和睦 示之而好
惡而民知禁 詩曰 赫赫師尹民具爾瞻

孝治章 제8

子曰 昔者 明王之以孝治天下也 不敢遺小國之臣 而況
於公侯伯子男乎 故得萬國之懽心 以事其先王 治國者不
敢侮於鰥寡 而況於士民乎 故得百姓之懽心以事其先君
治家者不敢失於臣妾之心 而況於妻子乎 故得人之懽心以
事其親 夫然 故生則親安之 祭則鬼享之 是以天下和平 災
害不生 禍亂不作 故明王之以孝治天下也如此 詩曰 有覺
德行四國順之

聖治章 제9

曾子曰 敢問 聖人之德無以加於孝乎 子曰 天地之性人
爲貴 人之行莫大於孝 孝莫大於嚴父 嚴父莫大於配天 則
周公其人也 昔者周公郊祀后稷以配天 宗祀文王於明堂以
配上帝 是以四海之內各以其職來助祭 夫聖人之德又何以
加於孝乎 故親生之膝下 以養父母日嚴 聖人因嚴以敎敬
因親以敎愛 聖人之敎不肅而成 其政不嚴而治其所因者本
也 父子之道天性也 群臣之義也 父母生之績莫大焉 君親

臨之厚莫重焉 故不愛其親而愛他人者謂之悖德 不敬其親
而敬他人者謂之悖禮 以順則逆民無則焉 不在於善而皆在
於凶德 雖得志君子弗從也 群子則不然言思可道 行思可
樂 德義可尊 作事可法 容止可觀 進退可度 以臨其民 是
以其民畏而愛之 則而象之 故能成其德敎而行其政令 詩
曰 淑人君子其儀不忒

紀孝行章 제10

子曰 孝子之事親也 居則致其敬 養則致其樂 疾則致其
憂 喪則致其哀 祭則致其嚴 五者備矣然後能事其親 居上
不驕 爲下不亂 在醜不爭 居上而驕則亡 爲下而亂則刑 在
醜而爭則兵 此三者不除 雖日用三牲之養猶爲不孝也

五刑章 제11

子曰 五刑之屬三千而罪莫大於不孝 要君者無上 非聖
人者無法 非孝者無親 此大亂之道也

廣要道章 제12

子曰 敎民親愛莫善於孝 敎民禮順莫善於悌 移風易俗
莫善於樂 安上治民莫善於禮 禮者敬而已矣 故敬其父則

子悅 敬莫兄則弟悅 敬其君則臣悅 敬一人而千萬人悅 所
敬孝寡而悅者衆 此之謂要道也

廣至德章 제13

子曰 君子之敎以孝也非家至而日見之也 敎以孝所以敬
天下之爲人父者也 敎以悌所以敬天下之爲人兄者也 敎以
臣所以敬天下之爲君者也 詩曰 愷悌君子民之父母 非至
德其孰能訓民如此其大者乎

廣揚名章 제14

子曰 君子之事親孝故忠可移於君 事兄悌故順可移於長
居家理故治可移於官 是以行成於內 而名立於後世矣

諫爭章 제15

曾子曰 若夫慈愛恭敬 安親揚名參聞命矣 敢問子從父
之命可謂孝乎 子曰 是何言與 是何言興 昔者天子有爭臣
七人雖無道不失天下 諸侯有爭臣五人雖無道不失其國 大
夫有爭臣三人雖無道不失其家 士有爭友則身不離於令名
父有爭子則身不陷於不義 故當不義則子不可以不爭於父
臣不可以不爭於君 故當不義則爭之 從父之令又焉得爲孝

乎

應感章 제16

　子曰　昔者明王事父孝故事天明　事母孝故事地察　長幼
順故上下治　天地明察神明彰矣　故雖天子必有尊也言有父
也　必有先也言有兄也　宗廟致敬不忘親也　修身愼行恐辱
先也　宗廟致敬鬼神著矣　孝弟之至通於神明　光於四海無
所不通　詩曰　自東自西自南自北亡思不服

事君章 제17

　子曰　君子之事上也進思盡忠　退思補過　將順其美匡敎
其惡　故上下能相親也　詩曰　心乎愛矣遐不謂矣　中心藏之
何日忘之

喪親章 제18

　子曰　孝子之喪親也哭不偯　禮無容　言不文　服美不安
聞樂不樂　食旨不甘　此哀戚之情也　三日而食敎民亡以死
傷生也　毀不滅性此聖人之政也　喪不過三年示民有終也
爲之棺槨衣衾而擧之　陳其簠簋而哀戚之　擗踊哭泣哀以送
之　卜其宅兆而安措之　爲之宗廟以鬼饗之　春秋祭祀以時

思之 生事愛敬 死事哀戚 生民之本盡矣 死生誼備矣 孝子
之事親終矣

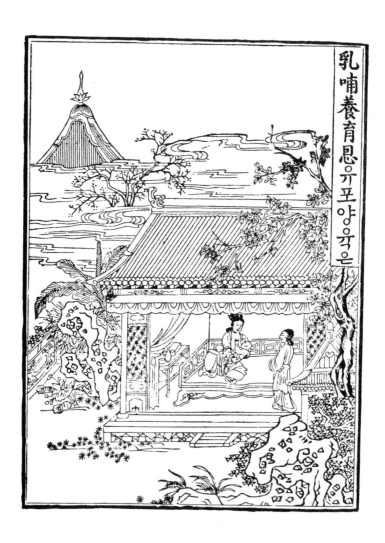

《논어》에 나타난 효론(孝論)

부모님은 우리를 낳고, 기르시고, 가르치시어 훌륭한 인간으로 만들어주셨다. 우리가 삶의 행복을 누리는 것은 모두 부모님이 주신 것이다. 산보다도 높고 바다보다도 깊은 부모님의 은혜를 무엇으로 갚을 것인가?

〈학이편(學而篇)〉 • 2

유자가 말하기를, "효성(孝誠)과 우애(友愛)가 있는 사람으로서 윗사람에게 도리에 벗어난 행동을 하는 사람은 드물다. 그리고 윗사람에게 도리에 벗어난 행동을 하지 않는 사람으로서, 법을 어기고 사회 질서를 어지럽힌 사람은 여지껏 없었다. 군자는 기본이 되는 일에 힘써야 하며 모든 일에 근본이 서야만 도(道)가 생겨난다. 효성과 우애는 바로 인(仁)을 실천하는 근본인 것이다."고 하였다.

原文 有子曰 其爲人也孝弟요 而好犯上者는 鮮矣니 不好犯上이요 而好作亂者는 未之有也니라 君子務本이니 本立而道生하나니 孝弟也者는 其爲仁之本與인저

註 **유자**(有子) 공자의 제자. 성은 유(有), 이름은 약(若). **제**(弟) 여기서는 형제 간의 우애를 말한 것이다. **범상**(犯上) 윗사람을 범하다. 윗사람을 거역하다. **선**(鮮) 드물다. **작란**(作亂) 법을 어기고 사회 질서를 어지럽히는 것. **무본**(務本) 근본이 되는 일에 힘쓰는 것을 말한다.

解義 어떤 사람이 효성과 우애가 있다면, 그 사람은 반드시 착한 마음을 가지고 있을 것이다. 그런 사람은 사회의 질서를 어지럽히지 않으며, 따라서 가장 바람직한 인간이라고 하였다.

유자는 이런 예를 들어서 은근히 공자의 사상인 인(仁)을

강조하였던 것이다. 그러므로 효와 우애가 바로 인의 사상의 근본이라 하였고, 동시에 군자가 지켜야 할 도리라고 말하였다.

〈학이편(學而篇)〉·6

공자께서 말씀하시기를, "제자는 집에 들어가면 부모에게 효도하고, 밖에 나오면 모든 일을 삼가고 남에게 믿음을 주며, 모든 사람을 널리 사랑하되 특히 어진 사람을 가까이하고, 그러고도 남음이 있으면 글을 배워라."고 하셨다.

原文 子曰 弟子入則孝하고 出則弟하며 謹而信하며 汎愛衆하되 而親仁이니 行有餘力이어든 則以學文이니라

註 제자(弟子) 여기서는 사람의 자식된 자를 말하는 것. 자제(子弟). 근(謹) 삼간다는 뜻으로, 모든 행동을 신중히 하여 실수가 없는 것을 말한다. 범(汎) 넓음. 문(文) 《시경》과 《서경》에 있는 옛 성현들의 글이나 육예(六藝) 등의 온갖 재주를 말한다.

解義 누구나 사람의 자식이라면 우선 집에서는 부모에게 효도하여 자식된 도리를 다하고, 밖에 나와서는 모든 일을 신중히 고려하여 남에게 신용을 잃지 않으며, 모든 사람을 널리 사랑하되 특히 어진 사람을 사귀라고 하였다. 그러고도 남음이 있으면 학문을 익히라고 하였다.

여기서는 공자의 인의 사상이 잘 나타나 있다. 공자는 정신적인 학문뿐만 아니라 사회에서의 올바르고 정당한 실천도 중요하게 여기고 있음을 잘 알 수 있다.

〈학이편(學而篇)〉 • 7

　자하(子夏)가 말하기를, "어진 사람을 어질게 여겨 섬기되 미색(美色)을 좋아하는 마음을 바꾸어서 좋아하며, 부모를 섬기되 힘을 다할 것이며, 임금을 섬기되 몸을 바쳐 충성할 것이며, 벗과 사귀되 말에 믿음이 있으면 상대방이 비록 배우지 않았다 하더라도 나는 반드시 학문이 있는 자라고 말하리라."고 하였다.

原文 子夏曰 賢賢易色하고 事父母能竭其力하고 事君能致其身하며 與朋交友 言而有信이면 雖曰未學이라도 吾必謂之學矣라

註 **자하(子夏)** 공자의 제자로, 성은 복(卜)이고 이름은 상(商)이다. **현현(賢賢)** 앞의 현은 동사, 뒤의 현은 명사. 즉 현명한 사람을 현명하게 받드는 것. **역색(易色)** 여색(女色)을 좋아하는 마음을 바꾸는 것. 즉 여색을 경시하다. **갈(竭)** 진(盡)과 통하니, 다하는 것. **치신(致身)** 헌신적으로 충성을 다하는 것.

解義 어진 사람을 어질게 여기되 아름다운 여인을 좋아하듯 좋아하고, 부모를 극진히 받들며, 임금에게는 충성을 다하며, 친구와 사귈 때에는 언행에 신의가 있어야 한다고 말하였다.
　자하는 언행일치의 중요성을 강조하고 있다. 그리고 배운다는 것의 범위를 단지 이지적인 것에 국한하지 않고, 미덥고 보다 바람직한 선의 실천에 큰 비중을 두었다.

〈학이편(學而篇)〉· 9

증자가 말하기를, "돌아가신 부모를 정성껏 모시고, 먼 조상을 추모하면 백성의 덕이 두터워질 것이다."고 하였다.

原文 曾子曰 愼終追遠하면 民德이 歸厚矣리라

註 **신종(愼終)** 돌아가신 부모에 대하여 정성과 예를 다하는 것. **추원(追遠)** 먼 조상을 추모하여 받드는 것.

解義 돌아가신 부모에 대하여 소홀히 하지 않고, 조상을 잘 받드는 효와 예가 바로 서면 자연히 백성의 덕이 두터워진다고 말한 것이다.

〈학이편(學而篇)〉· 11

공자께서 말씀하시기를, "아버지가 살아 계실 때에는 그 뜻을 살펴보고, 아버지가 돌아가신 뒤에는 3년 동안 아버지가 하시던 일을 바꾸지 말아야 비로소 효자라고 할 수 있느니라."고 하셨다.

原文 子曰 父在에 觀其志하고 父沒觀其行하며 三年無改於父之道라야 可謂孝矣니라

解義 자식의 어버이에 대한 효도를 말한 것이다. 요즈음에는 다소 무리한 느낌이 들며 유교적인 색채가 짙어 보이나, 깊이 생각해 본다면 부모에 대한 효도가 얼마나 중요한 것

인가를 가히 알 수 있을 것이다.

〈위정편(爲政篇)〉·5

맹의자(孟懿子)가 효에 관하여 묻자, 공자께서 말씀하시기를, "어김이 없어야 하는 것이니라."

번지(樊遲)가 수레로 모시자 공자께서 말씀하시기를, "맹손(孟孫)이 나에게 효에 관하여 묻기에 어김이 없어야 한다고 일러주었느니라." 하셨다.

그러자 번지가 묻기를, "어떤 뜻으로 그렇게 말씀하셨습니까?" 하였다.

공자께서 말씀하시기를, "살아 계실 때에는 예로써 섬기며, 죽은 뒤에는 예로써 장사지내며, 예로써 제사지내는 것이니라." 하셨다.

原文 孟懿子問孝한대 子曰 無違니라 樊遲御러니 子告之曰 孟孫이 問孝於我어늘 我對曰無違니라 樊遲曰 何謂也리잇고 子曰 生事之以禮하며 死葬之以禮하며 祭之以禮니라

註 **맹의자(孟懿子)** 노(魯)나라의 대부로서 이름은 하기(何忌)이며, 의(懿)는 그의 시호. **번지(樊遲)** 공자의 제자이며, 이름은 수(須). **맹손(孟孫)** 맹의자를 가리킨다.

解義 효에는 여러 가지가 있으나 모든 일을 예로써 행하라고 하였다.

〈위정편(爲政篇)〉·6

맹무백(孟武伯)이 효에 관하여 묻자 공자께서 말씀하시기를, "부모는 오직 자식의 병을 근심하느니라."고 하셨다.

原文 孟武伯이 問孝하니 子曰 父母는 唯其疾之憂니라

註 맹무백(孟武伯) 맹의자(孟懿子)의 아들. 이름은 체(彘). 무(武)는 시호다.

解義 이 말에는 여러 가지 해석이 있다. 첫째, 부모는 자식의 병을 애타게 걱정하므로 자식도 부모의 마음을 헤아려서 효도를 하라는 것이다. 둘째, 부모가 자식의 병을 염려하는 것만큼 자식된 자는 부모의 병을 염려해야 한다는 것이다. 셋째, 병은 인간에게 있어서 결코 없앨 수 없으므로, 병이외에는 부모에게 걱정을 끼쳐 드려서는 안된다는 것이다. 그러나 이 세번째 해석은 뜻을 너무 비약시킨 듯하다.

〈위정편(爲政篇)〉·7

자유(子游)가 효에 대하여 묻자 공자께서 말씀하시기를, "지금의 효라는 것은 부모를 잘 봉양하는 것을 말하고 있는데, 심지어 개와 말에 이르기까지도 모두 먹여 기르고 있으니, 공경하지 않으면 어찌 사람과 짐승을 구별할 수 있겠는가?" 하셨다.

原文 子游問孝한대 子曰 今之孝者는 是謂能養하니 至於犬馬도 皆能有養하니 不敬이면 何以別乎아

194

囲 **자유**(子游) 공자의 제자. 성은 언(言). 이름은 언(偃). 자유는 그의 자(字)다.

解義 요즈음은 물질적으로만 부모를 잘 섬기면 효도를 다한 것이라고 생각한다. 그러나 올바른 효도에는 받들어 모시는 마음도 함께 따라야 한다. 만약 받들어 모시는 마음이 따르지 않고 물질적으로만 부모를 섬겨서 실상은 못마땅하게 여긴다면, 정말 효도를 다한 것이라고 말할 수 없는 것이 아닌가?

〈위정편(爲政篇)〉·8

자하(子夏)가 효에 대하여 묻자 공자께서 말씀하시기를, "부모의 표정을 보고 알아서 행하기는 참으로 어렵다. 무슨 일이 생기면 자식이 그 수고를 대신하고, 좋은 술과 맛있는 음식이 생기면 부모에게 먼저 드시게 하는 것만으로 어찌 효도를 다하였다고 할 수 있겠는가?"라고 하셨다.

原文 子夏問孝한대 子曰 色難이니 有事어든 弟子服其勞하고 有酒食어든 先生饌하니 曾是以爲孝乎아

囲 **색**(色) 안색. **제자**(弟子) 여기서는 자제(子弟)의 뜻으로, 즉 자식을 말한 것. **선생**(先生) 여기서는 부모를 가리킨다. **찬**(饌) 먹인다는 뜻.

解義 사람의 표정이나 얼굴색만으로 그 마음을 알아서 대하기는 어렵다. 그러나 공자는 이 어려운 것을 지킬 수 있

어야만 효자가 될 수 있다고 하였다. 그렇지 않고 부모에게
노고를 끼쳐드리면서 좋은 음식만 대접하는 것은 효도를
다하는 것이 아니라고 한 것이다.

〈위정편(爲政篇)〉 · 20

　계강자(季康子)가 묻기를, "백성들로 하여금 공경하고
충성하도록 권하려면 어떻게 하여야 합니까?" 하였다.
　공자께서　말씀하시기를, "백성들에게　믿음직스럽게
임하면 공경하게 되고, 부모에게 효도하고 아랫사람에
게 자비롭게 임하면 충성스러워지고, 착한 사람을 천거
하여 바르지 못한 사람을 가르치면 곧 권하는 것이 되
느니라." 하셨다.

原文 季康子가 問 使民敬忠以勸하되 如之何리잇고 子曰
臨之以莊則敬하고 孝慈則忠하고 擧善而敎不能則勸이니라

　註 계강자(季康子) 노(魯)나라의 대부. 이름은 비(肥). 강(康)은 시
　　호다. 장(莊) 용모가 씩씩하고 엄숙한 것을 뜻하나, 여기서는
　　믿음직스럽다는 뜻으로 풀이하였다.

解義 노나라의 대부 계강자가 백성들에게 충성과 공경을
받는 방법에 대하여 묻자, 공자는 우선 믿음직스럽게 백성
을 대하고 또 부모에게 효도하고 아랫사람에게 자비롭게
대하라고 하였다. 그리고 착한 사람을 등용해서 착하지 않
은 사람을 교화시키라고 하였다.
　이는 상대방에게 무엇을 구하는 것보다 우선 자신이 잘
해야 된다는 것을 뜻한다. 옛날이나 지금이나 이런 법칙은

그래도 적용되고 있다. 내가 남에게 잘 대해 주면 남도 나에게 잘 대할 것이고, 반대로 내가 남에게 잘 대하지 않으면 남도 또한 나에게 잘 대하지 않을 것이 아닌가.

〈위정편(爲政篇)〉· 21

어떤 사람이 공자에게 묻기를, "선생께서는 왜 정치를 하지 않으십니까?"하였다.

공자께서 말씀하시기를, 《서경(書經)》에 이르기를, '효도하라, 오직 효도하라. 그리고 형제에게 우애 있게 하라. 그러면 네가 하는 일에 늘 정치가 있느니라.' 하였거늘, 바로 그것이 정치를 하는 것인데 일부러 정치를 한다고 나설 이유가 무엇이오."하셨다.

原文 或謂孔子曰 子奚不爲政이시니잇고 子曰, 書云孝乎인저 惟孝하고 友于兄弟하면 施於有政이거늘 是亦爲政이니 奚其爲爲政이리오

註 해(奚) 어찌, 어째서. 서(書) 《서경(書經)》을 말한다. 유(惟) 오직. 시(施) 베풀다, 행하다의 뜻.

解義 공자가 벼슬 자리에서 물러나 있을 때, 어떤 사람이 공자에게 왜 정치를 하지 않느냐고 묻자, 공자는 자기가 지금 행하고 있는 일이 정치와 같다고 말하였다. 덕(德)으로 다스리는 세상에 있어서는 벼슬하는 것만이 정치를 하는 것이 아니다. 사회에 효(孝)를 바탕으로 한 올바른 윤리를 세우는 것도 곧 정치인 것이다. 그 이유는 개인의 효나 우애 같은 덕을 온 천하에 펴나가는 데에서 덕치(德治)가 이

루어지기 때문이다.

〈팔일편(八佾篇)〉 • 12

조상에게 제사지내되 조상이 살아 있는 것같이 할 것이며, 신에게 제사지내되 신이 있는 것같이 할지니라.
공자께서 말씀하시기를, "내가 제사에 참여하지 않으면 제사지내지 않는 것과 같으니라." 하셨다.

原文 祭如在하시며 玄神如神在하시다 子曰 吾不與祭면 如不祭니라

註 신(神) 여기에서는 조상 이외의 신을 말한다.

解義 이 구절은 제사지내는 마음가짐에 대하여 쓴 글이다. 모든 예의범절에 있어서 형식보다 마음가짐이 중요하다는 것은 새삼 말할 필요가 없을 것이다.

〈이인편(里仁篇)〉 • 18

공자께서 말씀하시기를, "부모를 섬기되 허물이 있거든 은근히 간할 것이니, 간함을 따르지 않더라도 더욱 부모님을 공경하여 거스르지 말고 수고로워도 원망해서는 안되느니라." 하셨다.

原文 子曰 事父母하되 幾諫이니 見志不從하고 又敬不違하며 勞而不怨이니라

註 기(幾) 미(微)와 통하니, 미약하다의 뜻. **견지부종**(見志不從) 부
모의 뜻이 자기의 간함을 따르지 않음을 본다는 뜻. **노이불원**
(勞而不怨) 수고로워도 원망하지 않는다는 것.

解義 부모와 웃어른을 섬기는 일을 효라고 한다. 공자는 이
효에 관하여 누구보다도 많은 생각을 한 사람이다. 그래서
그는 부모를 섬기는 데 있어서 부모의 잘못을 보더라도 직
접적으로 말하지 말고 은근히 간하여야 한다고 한 것이다.
사람은 누구나 과실을 범하게 마련이다. 부모도 사람인만큼
과실을 범하지 않는다고 말할 수 없다. 그러나 아랫사람이
나 자식들은 이러한 과실을 보더라도 그것을 빙자해서 부
모님을 난처하게 만들어서는 안되는 것이니, 다만 부모님의
마음이 상하지 않도록 부드러운 말로 은근히 이해를 시켜
야 한다.

공자의 이 말은 단지 부모님을 섬기는 데에만 필요한 말
이 아니라, 현 사회를 살아가는 우리들의 대인 관계에서도
적용된다고 볼 수 있다. 나와 어떤 관계가 있는 상대방에게
서 결점을 발견하였다 하더라도 상대방을 탓하거나 나무랄
것이 아니라, 은근히 가르쳐 주고 이해시키는 것이 얼마나
좋은 일인가.

〈이인편(里仁篇)〉·19

공자께서 말씀하시기를, "부모가 살아 계시거든 멀리
나가서 놀지 말며, 혹시 먼 곳을 가는 일이 있으면 반
드시 가는 곳을 알릴지어다." 하셨다.

原文 子曰 父母在어시든 不遠遊하며 遊必有方이니라

⊞ 재(在) 부모가 생존해 계신 것을 말한다. 원유(遠遊) 멀리 가서 노는 것을 뜻한다. 방(方) 방향, 처소.

解義 자식은 부모의 곁에 있으면서 걱정을 끼쳐서는 안된다. 그래서 부모님이 살아 계실 때에는 될 수 있는 한 먼 곳으로 여행을 가거나 놀이를 가지 말아야 하는 것이다. 혹시 무슨 피하지 못할 볼 일이 있어서 먼 지방으로 가게 될 때에는 떠나기 전에 미리 부모에게 잘 말씀드려서 걱정을 끼쳐드리지 말아야 할 것이다.

〈이인편(里仁篇)〉· 20

공자께서 말씀하시기를, "아버지가 돌아가신 후 3년 동안 아버지가 하시던 일을 바꾸지 않아야 가히 효자라 할 수 있느니라." 하셨다.

原文 子曰 三年을 無改於父母之道라야 可謂孝矣니라

解義 이 말에는 좀 지나친 점이 없지 않으나 우리는 이 말을 글자 그대로만 받아들여서는 안된다. 한갓 옛 시대의 유학에 치우친 형식적인 말이라고 가볍게 보아 넘길 것이 아니라, 이런 말을 하게 된 공자의 정신이 어떤 것인가를 생각해 보아야 한다. 우리는 옛 조상의 얼을 생각하고 자식된 도리로서 마땅히 아버지가 생전에 하시던 일을 생각해 보아야 한다.

200

〈이인편(里仁篇)〉・21

공자께서 말씀하시기를, "부모의 연세는 늘 기억하지 않으면 안되느니라. 한편으로는 오래 사시는 것을 기뻐하고, 한편으로는 연로하시는 것을 두려워해야 하느니라." 하셨다.

原文 子曰 父母之年은 不可不知也니 一則以喜요 一則以懼니라

註 **부모지년**(父母之年) 부모의 연세. **지**(知) 억(憶)과 통하니, 기억하다의 뜻.

解義 부모의 연세는 항상 기억하고 있어야 한다. 그리고 그 때까지 부모가 살아 계시는 것을 기뻐하고, 한편으로는 부모가 앞으로 얼마 살지 못할 것이므로 효도할 기간이 짧아진 것을 두려워해야 한다고 공자는 말하였다.

〈태백편(泰伯篇)〉・2

공자께서 말씀하시기를, "공손하되 예가 없으면 번거롭고, 신중하되 예가 없으면 남이 두렵게 여기고, 용감하되 예가 없으면 사회를 어지럽히고, 곧되 예가 없으면 급박해지는 것이니라. 그리고 군자가 친척들에게 잘 대해 주면 백성들 사이에 착함이 일어나고, 옛 친구를 버리지 않으면 백성이 경박해지지 않느니라." 하셨다.

原文 子曰 恭而無禮則勞하고 愼而無禮則葸하고 勇而無禮

則亂하고 直而無禮則絞니라 君子篤於親則民興於仁하고 故
舊不遺則民不偸니라

🈁 사(葸) 눈이 휘둥그레지는 것. 교(絞) 급박한 것. 독(篤) 두터
운 것. 유(遺) 잊는 것. 투(偸) 경박한 것.

解義 여기서의 예는 조절(調節)하는 요소로 쓰였다. 그래서
공손함을 알아서 실천한다 하더라도 예가 없으면 번거로울
뿐이라고 하였다. 그러나 무턱대고 자신을 낮추고 상대방에
게 공경하는 태도를 취한다면 오히려 남에게 비웃음을 받
게 될 것이다. 신중함에 있어서도 예가 없으면 오히려 상대
방에게서 두려움을 사게 된다. 용기가 있다 하더라도 예가
없으면 공연히 사회를 어지럽게 될 것이다. 곧고 정직함
에 있어서도 예가 없다면 오히려 사이가 멀어질 것이며, 따
라서 자신의 처지가 절박해지게 마련이다. 그러므로 공자는
예의 필요성을 강조한 것이다.

　군자가 친척에게 잘 대하여 주면 백성들 사이에 어진 일
이 많이 생기게 되고, 옛 친구를 버리지 않으면 백성들이
경박해지지 않는다. 군자는 모든 덕이 갖추어진 지고한 인
격의 소유자라 할 수 있다. 그러나 그런 사람일수록 사람과
의 관계를 멀리하여 고립되기 일쑤다. 어떤 면에서는 자신
의 덕을 쌓고 수양을 하기에는 그것이 오히려 나을지도 모
르겠지만, 그것은 단지 자기 한 사람에서 그치고 마는 것이
다. 그러므로 공자는 군자를 남, 즉 사회와 연결시키려고 하
였다.

　이 구절을 혹자는 증자(曾子)가 한 말이라고도 한다. 그
러나 지금으로서는 특별한 증거가 없으므로, 누가 말한 것
이라고 단정지을 수는 없다.

〈태백편(泰伯篇)〉· 3

증자(曾子)는 병이 위독해지자 제자들을 불러서 말하기를, "나의 발을 펴고 나의 손을 펴 보아라. 시(詩)에 이르기를, '두려워하고 조심하기를 깊은 못에 가까이 가듯, 살얼음판을 밟고 가듯 해야 한다.' 하였거늘, 지금에 와서야 나는 그곳에서 해방되었음을 알겠노라, 제자들아!" 하였다.

原文 曾子有疾하사 召門弟子曰 啓予足하며 啓予手하라 詩云 戰戰兢兢하여 如臨深淵하며 如履薄氷이라 하니 而今而後에야 吾知免夫라 小子아

註 증자(曾子) 공자의 제자. 이름은 삼(參). 증자는 높여서 부른 것이니, 이 문장은 증자의 제자가 기록한 것이라 짐작된다. **전전긍긍**(戰戰兢兢) 두려워하여 경계하고 조심하는 모양. **여리박빙**(如履薄氷) 살얼음을 밟는 것같이 위험한 상태를 말하는 것. **소자**(小子) 문인(門人). 제자를 부르는 말.

解義 증자는 공자의 제자 중에서 가장 효성이 지극한 사람이었다. 그는 신병이 몹시 위독해지자 제자들을 불러놓고 말하기를, "너희들은 나의 손과 발을 펴 보아라." 하면서 그는 《시경》의 글귀를 인용하여 "몸을 다치지 않게 하기 위하여 두려워하고 조심함이 마치 깊은 못가에 임하여 있는 것 같고 살얼음을 밟는 것과 같았는데, 이제부터는 그런 굴레에서 벗어나게 되었다." 하였다. 어떻게 생각하면 임종시의 유언같이 느껴진다.

《효경》 첫머리에 보면 "신체발부 수지부모 불감훼상 효

지시야(身體髮膚愛之父母不敢毀傷孝之始也)란 말이 있다. 이
는 몸의 어느 부분을 막론하고 모두 부모에게서 물려받은
것이니, 그것을 상하지 않게 잘 보존하는 것이 효의 첫걸음
이란 말이다. 증자의 말도 그 효경의 구절과 뜻이 같다고
하겠다. 이로 본다면 증자가 착실한 공자의 제자였다는 것
을 알 수 있다. 효의 방법에는 여러 가지가 있겠지만, 그 중
에서도 《효경》의 첫머리에 기록한 공자의 말을 가슴 깊이
새겨두고 실천한 것이 아닌가. 그렇기 때문에 그는 죽음을
눈앞에 둔 마지막에 임하여 부끄러움이나 생에 대한 미련
이 조금도 없었다. 삶을 뜻 있고 착실하게 살아온 것에 대
하여 떳떳함이 앞섰을 뿐만 아니라, 지나온 평생을 돌이켜
보며 삶의 임무를 다한 홀가분한 만족감이 생기기도 하였
던 것이다.

〈선진편(先進篇)〉• 4

　공자께서 말씀하시기를, "효성스럽다, 민자건(閔子騫)
이여, 남이 그의 부모나 형제의 말을 들어도 비난하는
사람이 없구나." 하셨다.

原文 子曰 孝哉라 閔子騫이여 人不間於其父母昆弟之言이
로다

註 민자건(閔子騫) 공자의 제자. 효행으로 알려져 있다.

解義 공자가 제자 민자건의 효행을 칭찬한 말이다. 여기서
특이한 것을 찾는다면, 민자건의 어떠어떠한 점이 효가 되
는 것이라고 단정한 것이 아니라, 민자건의 형제가 그의 효

성과 우애를 말하였을 때 남들이 그것에 이의를 제기하는 일이 없었다고 말한 것이다.

효는 마음에서 우러나와 마음으로 행해져야 한다. 그러나 또한 그 목적은 실생활로 옮겨 실천하는 데 뜻이 있는 것이 아니겠는가.

〈선진편(先進篇)〉• 21

자로가 여쭙기를, "도리를 들으면 곧 이행하여야 합니까?" 하였다.

공자께서 대답하시기를, "부형이 계시거늘 어찌 그 들은 것을 곧 그대로 행한다 하리요." 하셨다.

염유가 여쭙기를, "도리를 들으면 곧 이행하여야 합니까?" 하였다.

공자께서 대답하시기를, "듣거든 곧 행하여야 하느니라." 하셨다.

이에 공서화(公西華)가 여쭙기를, "유(由)가 '도리를 들으면 곧 행하여야 합니까?'라고 여쭈었을 때에는 선생님께서 '부형이 살아 계신다.'고 말씀하시고, 구(求)가 '도리를 들으면 곧 행하여야 합니까?' 하고 여쭈었을 때는 선생님께서 '듣거든 곧 행하여야 한다.'고 말씀하셨으니, 저는 의심이 가서 분별하지 못하겠기에 감히 묻습니다." 하였다.

그러자 공자께서 말씀하시기를, "구는 매사에 물러서는 편이므로 앞으로 나아가게 하고, 유는 다른 사람의 일까지 겸해서 하려 하므로 물러서게 한 것이니라." 하셨다.

原文 子路問聞斯行諸리잇고 子曰 有父兄이 在하니 如之何
其聞斯行之리요 冉有問聞斯行諸리잇고 子曰 聞斯行之니라
公西華曰 由也問聞斯行諸어늘 子曰 有父兄在라 求也問聞
斯行諸어늘 子曰 聞斯行之라 赤也惑하여 敢問하노이다 子曰
求也는 退故로 進之하고 由也는 兼人故로 退之니라

註 **자로**(子路) 공자의 제자. 이름은 유(由). **염유**(冉有) 공자의 제자.
이름은 구(求). **공서화**(公西華) 공자의 제자. 이름은 적(赤). **겸인**
(兼人) 다른 사람을 겸한다는 말로, 남의 몫까지 하려드는 것을
뜻한다.

解義 자로(子路)가 공자에게 물었다. "행할 만한 도를 들으
면 그 즉시 행하여야 합니까?" 하니, 공자가 대답하기를,
"부모 형제가 있는데 어찌 들은 것을 생각도 없이 곧바로
행한다 하리요." 하여 자로의 의도를 저지시켰다. 그런 일이
있은 얼마 후 염유(冉有)가 똑같은 질문을 하였다. "도리를
들으면 곧 행하여야 합니까?" 하니, 공자가 대답하기를,
"곧 행할지니라." 하고 긍정의 뜻을 보였다. 공자의 대답은
분명 모순이 있었다. 자로와 염유의 질문은 조금도 다름이
없는 것이었는데도 이에 대한 대답은 각각 달랐다. 그것도
하나는 제지하는 뜻이고 또 하나는 수긍하는 뜻의 정반대
의 대답이었다.
　그렇기 때문에 공서화는 의혹을 참지 못하여 공자에게
묻기를, "어찌하여 두 사람의 똑같은 질문에 선생님의 대답
이 각각 달랐는지요?" 하니, 공자는 그에 대하여 설명하기
를, "자로는 남달리 성미가 급하고 용맹스러워 무슨 일이든
지 서둘러 하는 경향이 있다. 그러므로 지나치게 앞으로 나
아가려는 그를 조금 물러서게 하였을 뿐이다. 그리고 유는

매사에 소극적이므로 주춤하는 태도를 앞으로 나아가게 한 것이다." 하였으니, 공자의 특이한 교육 방법이다.

  각자의 개성과 특질 그리고 수준에 따라서 알맞게 가르친 교육 방법의 일단을 보여준 것이다.

〈안연편(顔淵篇)〉· 11

  제(齊)나라 경공(景公)이 공자에게 정사에 관하여 묻자 공자께서 대답하시기를, "임금은 임금다워야 하고, 신하는 신하다워야 하며, 아비는 아비다워야 하고, 아들은 아들다워야 하나이다." 하셨다.

  공이 말하기를, "좋은 말씀이오. 진실로 임금이 임금답지 않고 신하가 신하답지 않으며, 아비가 아비답지 않고 자식이 자식답지 않다면, 비록 곡식이 있다 하더라도 내 어찌 얻어서 먹으리요." 하였다.

原文 齊景公이 問政於孔子한대 孔子對曰 君君臣臣父父子子니이다 公이 曰 善哉라 信如君不君하며 臣不臣하며 父不父하며 子不子면 雖有粟이나 吾得而食諸아

  甲 경공(景公) 제(齊)나라 임금. 이름은 저구(杵臼).

解義 제나라 경공(景公)이 공자에게 정사에 관하여 물었다. 공자는 "임금은 임금답고 신하는 신하다워야 하며, 아비는 아비답고 자식은 자식답게 처신을 하여야 한다."고 하였다. 여기서 공자가 뜻한 것은 군주는 군주, 신하는 신하다운 행동뿐만 아니라 그 주어진 본분을 착실히 이행해야 함을 말한 것이다.

〈자로편(子路篇)〉• 18

섭공이 공자께 말하기를, "우리 마을에 행실이 정직한 사람이 있습니다. 그 아비가 양을 훔친 것을 아들이 증언하였습니다." 하였다.

공자께서 말씀하시기를, "우리 마을의 정직한 사람은 그와 다릅니다. 아비는 자식을 위하여 숨기고 자식은 아비를 위하여 숨기니, 그 가운데 정직함이 있는 것입니다." 하셨다.

原文 葉公이 語孔子曰 吾黨에 有直躬者하니 其父攘羊이어늘 而子證之하니이다 孔子曰 吾黨之直者는 異於是하니 父爲子隱하며 子爲父隱하나니 直在其中矣니라

註 직궁(直躬) 몸을 곧게 하여 행하다. 행실이 곧은 것을 말한다.
양(攘) 빼앗다. 여기에서는 물건을 도적질하는 것.

解義 섭공(葉公)이 공자에게 말하였다. "우리 마을에는 행실이 바른 사람이 있습니다. 그의 아버지가 남의 양을 훔쳤으나, 그 아들이 그를 증명하였습니다." 부모의 잘못을 여러 사람 앞에서 떳떳이 밝힐 수 있는 사람이라면 정말 정직한 사람이라 아니할 수 없다. 그러나 공자는 말하기를, "우리 마을의 정직한 사람은 그와 다릅니다. 아비는 아들을 위하여 숨겨 주고 아들은 아비를 위하여 숨겨 주니, 그 가운데 정직함이 있는 줄 압니다." 하였다. 공자의 말은 언뜻 보기에 서로의 잘못을 눈감아 준다는 것으로 생각될지 모르나, 사실은 그런 뜻에서 말한 것이 아니다. 부모의 도둑질을 증명하는 소행은 정직한 일이라 할 수는 있지만 효라 할 수

없으며, 불효에서는 참다운 정직이 나타날 수 없음을 강조하였던 것이다.

〈양화편(陽貨篇)〉· 21

재아가 묻기를, "3년상은 기간이 너무 오래인 것 같습니다. 군자가 3년 동안이나 예(禮)를 차리지 않는다면 예는 반드시 무너질 것이며, 3년 동안이나 악(樂)을 다루지 않는다면 악도 반드시 무너질 것입니다. 묵은 곡식이 다 없어지고 새 곡식이 나오고 불을 일으키는 나무를 새로 뚫어 불도 고치게 되었으니, 1년이면 그칠 만하나이다." 하였다.

공자께서 말씀하시기를, "쌀밥을 먹고 비단 옷을 입으면 너는 편하겠느냐?" 하시니, 말하기를, "편하나이다." 하였다.

"너의 마음이 편하다면 그대로 하여라. 군자는 상중에는 좋은 음식을 먹어도 맛이 없으며, 음악을 들어도 즐겁지 않으며, 거처하는 것이 불안하기 때문에 그렇게 하는 것이다. 이제 네가 편하다면 그대로 하여라." 하셨다.

재아가 나가자 공자께서 말씀하시기를, "재아는 어질지 못하구나. 자식은 낳은 지 3년이 지난 후에야 부모의 품에서 벗어난다. 그러기에 3년상이 온 천하에 공통된 상례이거늘, 재아는 그 부모에게서 3년 동안의 사랑이 있었으련만." 하셨다.

原文 宰我問 三年之喪이 期已久矣로소이다 君子三年을 不

爲禮면 禮必壞하고 三年을 不爲樂이면 樂必崩하리니 舊穀이
旣沒하고 新穀이 旣升하며 鑽燧改火하나니 期可已矣로소이다
子曰 食夫稻하며 衣夫錦이 於女여 安乎아 曰 安하나이다 女
安則爲之하라 夫君子之居喪에 食旨不甘하며 聞樂不樂하며
居處不安故로 不爲也하나니 今女安則爲之하라 宰我出커늘
子曰 予之不仁也여 子生三年然後에 免於父母之懷하나니
夫三年之喪은 天下之通喪也이거늘 予也有三年之愛於其父
母乎아

> 註 **찬수개화**(鑽燧改火) 불을 일으키는 나무에 구멍을 뚫고 불을 고
> 침. 옛날에는 나뭇조각에 구멍을 뚫고 거기에 나무 막대를 꽂아
> 비벼서 불을 일으켰다. 봄에는 느릅나무와 버드나무, 여름에는
> 대추나무와 살구나무, 가을에는 갈참나무와 섭나무, 겨울에는 느
> 티나무와 박달나무 등을 사용하였다. **기가이**(期可已) 1주년, 즉
> 만 1년으로 끝냄이 좋다는 뜻. 기는 돌의 뜻.

解義 재아(宰我)가 공자에게 3년상의 기간이 너무 길므로
1년으로 단축하는 것이 어떠냐고 물었다. 그 이유로는 3년
동안이나 예(禮)와 악(樂)을 폐지한다면 상당한 퇴보를 가
져오지 않겠느냐는 것이었다. 그리고 또 햇곡식이 나오고
사람들도 불을 다시 고쳐서 쓰니, 자연의 이치로 따지더라
도 1년이면 족하다고 단언하기까지 한 것이다.

　그러나 공자는 정면으로 공박하지 않고 말하기를, "너는
그 기간 동안에 쌀밥을 먹고 비단옷을 입으면 편하느냐?"
하였다. 재아는 그렇다고 솔직히 시인하였다. 그제서야 공
자의 불효령 같은 꾸지람이 시작되었다. "네가 편안하면 편
안한 대로 하여라. 그러나 군자는 그 기간 동안에 맛있는
음식을 먹어도 맛을 모르고, 풍악을 들어도 즐겁지 않으며,

어디에 거처하든지 마음이 편안치 않기 때문에 3년 동안을 상으로 보내는 것이다. 너는 1년 후에 쌀밥을 먹으면 맛이 있고 비단옷을 입으면 몸이 편안하다니 너 하고 싶은 대로 하여라." 말이 여기에 이르자 재아는 더 이상 이견을 내세우지 못하고 물러갔다.

재아가 물러간 뒤에 공자는 재아의 어질지 못함을 한탄하였다. "사람은 태어난 후에도 3년이 지난 다음이라야 부모의 품에서 벗어난다. 그러므로 그'3년상이 정해진 것이고 만천하에 통하는 예다. 재아는 어찌 3년 동안 부모의 사랑을 받지 않았단 말인가."

여기서 공자는 3년이라는 형식보다 사랑해 주고 애통해 하는 부모와 자식 사이의 정리를 말한 것으로 보아야 하겠다. 부모가 돌아가신 다음에 애통해 하는 마음이 1년이면 1년 동안 상복을 입고, 10년이면 10년 동안 상복을 입을 수 있음을 의미한 말이다. 그러나 인간의 정리로 따진다면 적어도 3년 동안은 애통해 하는 마음을 간직해야 어진 사람이라 할 수 있다는 것이다.

〈자장편(子張篇)〉• 1

자장(子張)이 말하기를, "선비가 위태함을 보면 목숨을 내놓고, 이득을 보면 의를 생각하고, 제사에는 공경함을 생각하고, 상사에는 슬픔을 생각한다면, 그만하면 되느니라." 하였다.

原文 子張曰 士見危致命하며 見得思義하며 祭思敬하며 喪思哀면 其可已矣니라

解義 자장이 말하였다. 나라가 위기에 놓여 있을 때에는 목숨을 내걸어 구하려 하고, 이익이 눈앞에 있을 때에는 반드시 의로움을 따진 다음에 취하고, 조상의 제사에는 공경과 정성을 다하고, 상사가 있을 때에는 진심으로 애통해 해야 한다. 이 네 가지만 지킨다면 그래도 선비로서 족하다고 할 것이다.

〈**자장편**(子張篇)〉• 14

자유가 말하기를, "상사에는 슬픔을 다하는 데서 그칠 것이니라." 하였다.

原文 子游曰 喪은 致乎哀而止니라

解義 자유가 말했다. 상을 당하여 예를 갖추는 것은 무엇보다도 죽은 사람을 애도하는 데 그 뜻이 있다. 그러므로 상을 당해서는 진심으로 슬픔을 다하는 것으로 족할 따름이지 구태여 정도를 넘어서까지 애써 형식을 차리려고 할 필요는 없다.

〈**자장편**(子張篇)〉• 17

증자가 말하기를, "내 선생님께 들으니 '사람이란 스스로 진심을 다하는 일이 없지만 친상(親喪)을 당하여서만은 이를 볼 수 있다.' 하셨느니라." 하였다.

原文 曾子曰, 吾聞諸夫子하니 人未有自致者也나 必也親喪
乎인저

解義 사람들은 자기 스스로 진심을 다하여 인정을 베풀려
들지 않지만, 부모님의 상을 당하여서는 그렇지 않다는 말
이다. 필야친상호(必也親喪乎)는 뜻을 강조하기 위하여 반어
법으로 쓴 것이다.

〈자장편(子張篇)〉•18

증자가 말하기를, "내가 선생님께 들으니 '맹장자(孟
莊子)의 효는 다른 것은 해낼 수 있겠으나, 아버지의 가
신과 정책을 바꾸지 않는 점은 그대로 해내기 어려우니
라.' 하셨느니라." 하였다.

原文 曾子曰, 吾聞諸夫子하니 孟莊子之孝也其他는 可能也
어니와 其不改父之臣과 興父之政이 是難能也니라

註 맹장자(孟莊子) 노나라의 대부. 성은 맹(孟), 이름은 속(速), 장
(莊)은 시호.

解義 맹장자는 아버지 맹헌자(孟獻子)가 돌아가신 후 4년
동안이나 아버지의 가신을 그대로 쓰고, 아버지의 정책도
변경시키지 않았다고 한다. 그 맹장자의 효에 대하여 공자
에게 들은 것을 증자가 전한 말이다. '부모가 돌아가신 후
3년 동안 부모의 뜻이나 하시던 일을 바꾸지 말아야 효가
된다.' 함은 이미 앞에서 말한 바 있다.

□ 역 자 · 성동호

• 오사카 外事 전문학교 별과 수료
• 경주중학교 · 금천중학교 근무
• 대구일보, 월간 《희망사》 기자
• 아림출판사 경영
• 日文 월간 《관광 한국》 취재기자 및 외신부원
• 저서 : 《충무공 일화집》
• 역서 : 《韓 菲 子》 《학생 난중일기》 외 다수

관 권
소 유

● 新譯 孝 經

1979년 10월 10일 초판 발행

2016년 9월 1일 중판 발행

역해자   성   동   호
발행자   지   윤   환
발행처   홍 신 문 화 사

서울 동대문구 용두2동 730-4(4층)
대표 전화 : 953-0476
FAX : 953-0605
등록 1972. 12. 5 제6-0620호

ISBN 89-7055-020-8 03190

■ 호칭법

칭호별	내가 다른 사람에게	다른 사람이 나에게 말함
할아버지	조부(祖父) 왕부(王父) 노조부(老祖父)	조부장(祖父丈) 왕부장(王父丈) 왕대인(王對人) 왕존장(王尊丈)
할머니	조모(祖母) 왕모(王母) 노조모(老祖母)	왕대부인(王大夫人) 존조모(尊祖母) 존왕대부인(尊王大 夫人)
아버지	가친(家親) 엄친(嚴親) 가엄(家嚴) 가대인(家大人) 고자(考子) 부군(父君) 가부(家父) 가군(家君)	춘부장(春府丈) 춘장(春丈) 대정(大廷) 대인(大人) 춘당(春堂)
어머니	모친(母親) 자친(慈親) 자정(慈庭)	자당(慈堂) 훤당(萱堂) 대부인(大夫人)
남편	남편(男便) 가부(家父) 부군(夫君) 바깥 양반, 주인	현군(賢君) 현군자(賢君子) 영군자(令君子)
아내	가인(家人) 실인(室人) 내자(內子) 형처(荊妻) 내인(內人) 세군(細君)	영부인(令夫人) 현합(賢閤) 존합(尊閤) 합부인(閤夫人)
아들	가아(家兒), 미아 (迷兒), 가돈(家豚) 미돈(迷豚), 아들놈, 우리애	영식(令息) 영윤(令胤) 현윤(賢胤) 윤군(胤君)
딸	여아(女兒) 여식(女息) 가교(家嬌) 딸년, 우리애	영애(令愛) 영교(令嬌) 따님

칭호별	내가 다른 사람에게	다른 사람이 나에게 말함
손 자	가손(家孫) 미손(迷孫) 손아(孫兒) 손녀(孫女)	영손(令孫) 영포(令抱) 현손(賢孫)
큰아버지	사백부(舍伯父)	백부장(伯父丈) 백완장(伯阮丈)
큰어머니	사백모(舍伯母)	존백모(尊伯母) 존백모부인(尊伯母 夫人)
작은 아버지	사숙(舍叔) 중부(仲父) 계부(季父)	숙부장(叔父丈) 중부장(仲父丈) 계부장(季父丈)
작은 어머니	사숙모(舍叔母)	존숙모(尊叔母) 존숙모부인(尊叔母 夫人)
장인(丈人)	비빙장(鄙聘丈)	존빙장(尊聘丈)
장모(丈母)	비빙모(鄙聘母)	존빙모부인(尊鄙聘 夫人)
사 위	여서(女婿) 가서(家婿) 서아(婿兒) 교객(嬌客) 여정(女情)	애서(愛婿) 영서랑(令婿郎) 옥윤서랑(玉潤婿郎) 현윤(賢潤)
형	가형(家兄) 사중(舍仲) 사백(舍伯) 가백(家伯) 사형(舍兄)	백씨(伯氏) 백씨장(伯氏丈) 중씨장(仲氏丈) 영백씨(令伯氏)
형 수	형수(兄嫂)	영형수씨(令兄嫂氏) 존중수씨(尊仲嫂氏) 존백수씨(尊伯嫂氏)
아 우	사제(舍弟), 가제 (家弟), 아제(阿弟), 비제(鄙弟), 중제 (仲弟), 계수(季嫂)	영제씨(令弟氏) 영중씨(令仲氏) 영계씨(令季氏)
제 수	제수(弟嫂) 계수(季嫂)	영제수씨(令弟嫂氏) 영계수씨(令季嫂氏)
누 나	자씨(姉氏), 누님	영자씨(令姉氏)
누이동생	사매(舍妹) 아매(阿妹) 누이동생	영매씨(令妹氏)

■ 참고

(1) 장인과 사위의 사이는 『옹서(翁婿)』간이라 한다.

(2) 자형(姉兄)이나 매제(妹弟)가 처남(妻男)에게는 처생(妻甥)이라 하고, 자기를 말할 때에는
    『인형(姻兄)』, 또는 『인제(姻弟)』라 한다.

(3) 처남이 자형(姉兄)이나 매제(妹弟)에게 자기를 말할 때에는 『부제(婦弟)』라 한다.

계 촌 법(系寸法)

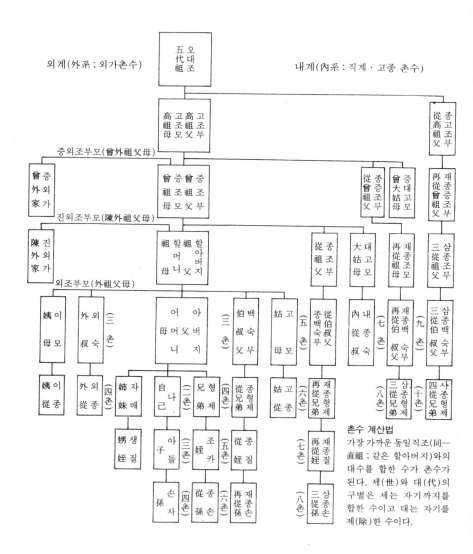

외계(外系 ; 외가촌수)　　　　　　　　　**내계(內系 ; 직계·고종 촌수)**

촌수 계산법

가장 가까운 동일직조(同一直祖 ; 같은 할아버지)와의 대수를 합한 수가 촌수가 된다. 세(世)와 대(代)의 구별은 세는 자기까지를 합한 수이고 대는 자기를 제(除)한 수이다.